Eurus

Notus

介護

現場からの検証

結城康博

Yasuhiro Yuki

Zephyrus

岩波新書

1132

はじめに

二〇〇〇年からスタートした介護保険制度はまがりなりにも定着し、いまや多くの高齢者の生活に必要不可欠な制度となった。しかし、二〇〇六年四月からスタートした「改正介護保険制度」は、開始早々利用者にも介護従事者にもさまざまなマイナスの影響を及ぼしている。たとえば、「介護予防による混乱が生じている」「以前ほどサービスを受けられない」「地域格差が拡大している」「介護士という職業では生活できない」といった問題が顕在化してきているのだ。

筆者がケアマネジャー(介護支援専門員)の仕事に就いて五年が過ぎた。ケアマネジャーの仕事とは、「介護に関する相談」「介護サービスの調整」「介護費用の計算」など、要介護/支援者となっている高齢者の代弁者として働く、文字どおりの「マネジャー業務」である。ただし筆者は、この五年の間に介護保険制度発足当初の「介護の社会化」という理念が、少しずつ歪んできている状況に大きな懸念を抱いている。

現在、いわゆる団塊の世代には、親の介護に直面しながら還暦を迎え、数年後に迫り来る自らの老後にも不安を抱いている人が少なくない。本書は、サービスの利用者をはじめ、その家族、介護従事者、行政担当者、政治家といった介護に関係・精通する大勢の人たちへのインタビューをもとに、介護現場で、「今、何が起きているか」を簡潔にまとめたものである。そして、そこから現在の介護をめぐる問題を、可能な限り客観的に整理・分析し、どのような処方箋が求められているか考察してみた。

そもそも「介護」というと、「家族扶助」といったイメージを抱く人も依然として多いであろう。しかし、現在の高齢社会においては、「公共性」といった側面はもはや無視できない段階にきている。「老老介護」「独り暮らし高齢者の増加」などといったことからも、どうしても「介護」は社会全体で担っていく必要がある。現在の介護問題を考えていくうえで、「介護」における「公共性」の意義がもっと深く問い直されていくべきであろう。

本書を手にとって下さる方々が、介護の現場における問題から財政の実状まで、一通りの理解ができれば幸いである。

目　次

目　次

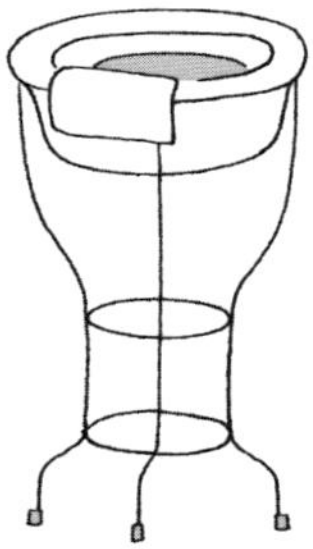

図2－1他イラスト＝須山奈津希

第一章　介護サービスが必要となったら

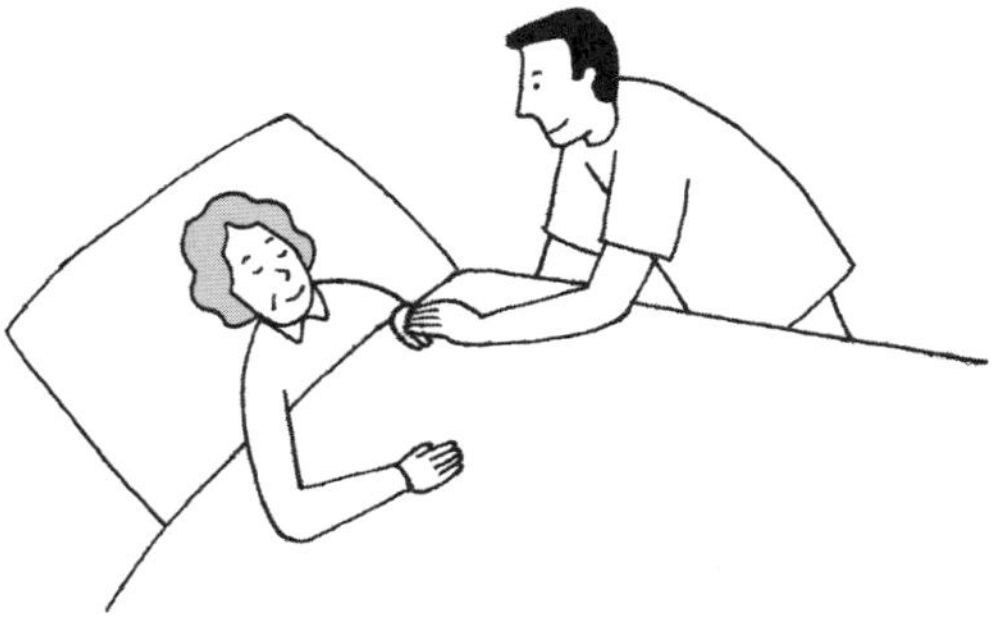

介護現場の実態といっても、それぞれの置かれている家庭環境(家族関係など)、心身状態(疾病や精神状態を含む)、経済状況、住環境、施設環境(介護従事者や建物など)等によって大きく異なる。その違いについて理解していただくために、ここでは当事者の生の声を中心に述べてみよう。

1　介護生活を続けてきたある家族

自身が還暦を迎えようとする頃、配偶者または自分の親の介護に直面する人は多い。故郷から都会に出てきて、親とは何十年も別居してきた後、突然、その親が体調を崩し介護を必要とするようになったとしたら、それまで平穏に暮らしてきた家族全員が一気に大きな課題を背負うことになる。

父親の介護

二〇〇七年二月のある日、筆者は、宮崎純一氏（仮名）の勤務する東京都内大手株式会社を訪問した。長年、家族全員で親の介護を行ったということで、その経験を聞くためだ。氏は一九四四年生まれ。高校まで出身地の福井県で暮らし、上京して大学卒業後、現在の会社に入社し、結婚して都内で暮らしてきた。

両親二人はそれまで福井県で暮らしていたが、一〇年ほど前、八〇歳になった父親が、突然、脳梗塞で倒れ、救急車で病院に運ばれたという。治療の結果、右半身麻痺という状態で病状が落ち着き、退院してから在宅での介護生活が始まった。

地方ということもあって、父親は広々とした農家の一軒家で在宅介護生活を送り、昔ながらの近所付合いによって、夫婦の生活は支えられていたという。七〇歳代半ばの妻が夫を介護する「老老介護」の生活ではあっても、親戚や知人らによる声掛けや見守りなどの支援によって、母親の介護生活は肉体的にも精神的にも追い込まれることはなかったらしい。当時、介護保険制度はまだ始まっておらず、措置制度（役所が適格者にサービスを提供する制度）によるヘルパー派遣を受けていた。また、簡単なリハビリテーション（以下、リハビリ）サービスも利用していたそうだ。その後、父親は再度、体調を悪化させ、やがて亡くなった。

続いて母親が倒れる

氏の母親は独り暮らしとなったが、近所の親戚や知人と交流を深めながら平穏に暮らしていた。しかし、二〇〇三年ごろ父親と同じく脳梗塞で倒れ、救急車で病院に運ばれた。治療後、病状は落ち着いたものの要介護度5（六頁［表1―1］参照）との認定が下され、ほぼ寝たきり状態となった。

父親と違い母親の場合は、「独り暮らし高齢者」であった。介護保険サービスをすべて利用するとしたら、ほぼ毎日、朝昼晩の一二〇分ずつヘルパー派遣を受けることは可能なはずであったが、深夜などのトイレ介助や身の回りのことまで頼めるヘルパー業者は地元では見つからなかった。

そのため、長男ということもあって、氏の家族が母親を引き取って看ることになり、とりあえず、都内のリハビリ専門病院へ転院させることになった。つまり、母親は生まれ育った福井の地を離れる辛い決断をしたことになる。

その後、老人保健施設（老健施設）へ入所させることになった。診療報酬という医療の値段体系のために、同じ病院に長期入院することはできないからだ。老健施設でもリハビリ

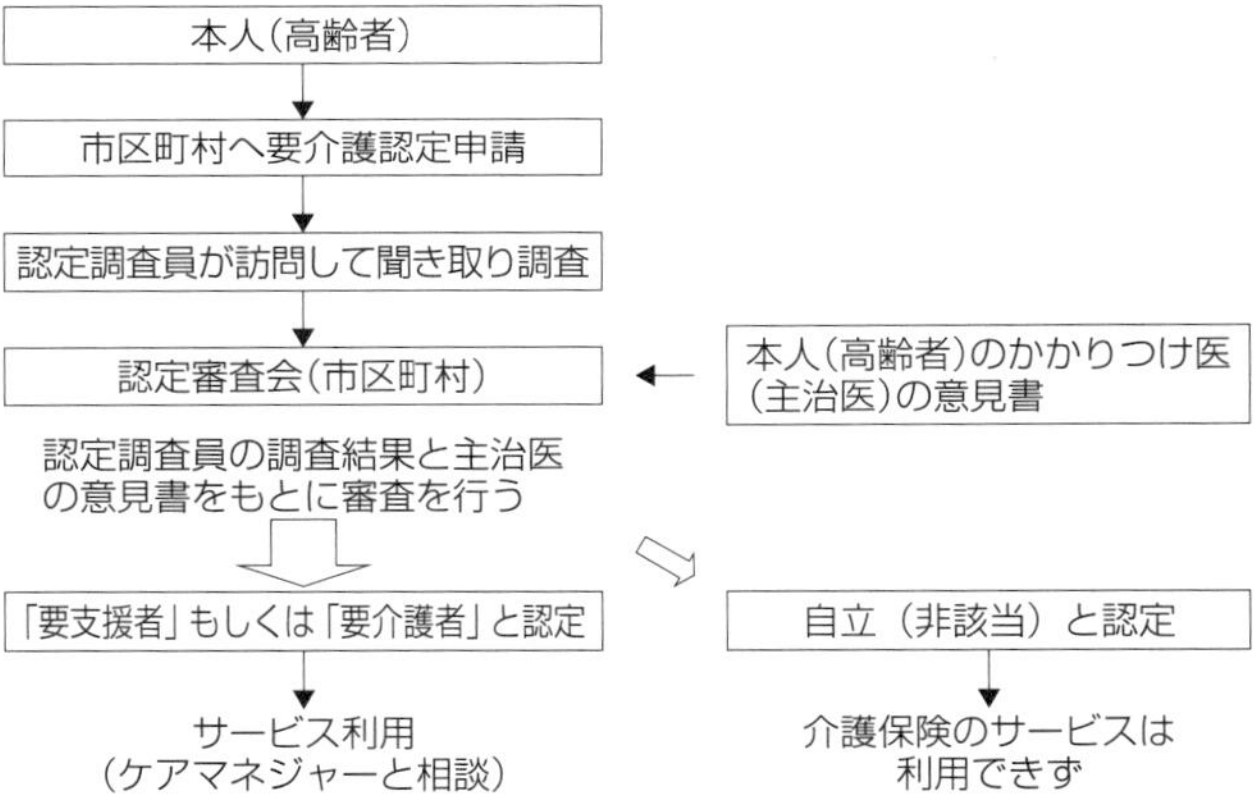

図1-1　介護保険制度のサービス利用の仕組み

は継続され、要介護度2まで状態が改善し、車椅子での生活が可能となった。ただし、福井県に戻って独り暮らしを始める状態にまでは回復しなかったそうだ。そうして、氏の自宅で在宅介護生活を始めることになり、その主な介護者は氏の妻(五〇歳代半ば)になった。

介護保険制度の利用を開始する

ヘルパー派遣やデイサービス、施設サービスといった介護保険サービスを利用するには、まず、自分の住んでいる自治体に介護認定申請を行い、「要支援者」又は「要介護者」の認定を受けなければならない〔図1―1〕。つまりここで、「要支援者」もしくは「要介護者」認定が下されなければ、高齢者はいくら介護保険証を

表1-1　要介護／支援状態の目安

自立(非該当)	自立した生活ができ，介護サービスによる支援の必要性はなし。
要支援1	通常の日常生活に支障はないが，要介護状態とならないように一部支援が必要。
要支援2	歩行などに不安が見られ，排泄，入浴などに一部介助が必要であるが，身体機能における改善の可能性がある。
要介護度1	立ち上がりが不安定で，杖歩行の場合がある。排泄，入浴などで部分的に一部介助を要する。
要介護度2	立ち上がりなどが自力では困難で，排泄，入浴など，常時，部分ないし全介助が必要。
要介護度3	立ち上がり，起き上がりが自力ではできず，車椅子を使用した生活スタイルも見られ，排泄，入浴，衣服の着脱などで部分的もしくは全介助が必要。
要介護度4	寝たきりに近い状態で，排泄，入浴，衣服の着脱など日常生活全般に全介助が必要。
要介護度5	日常生活全般に全介助が必要で，意思伝達も困難な状況である。

持っていてもサービスを利用することはできない。ここが医療サービスとの大きな違いである。医療であれば、保険証一枚で、原則、いつでもどこでも好きな医療機関を利用することができ、支払い時に窓口で、原則三割の自己負担をすれば済む。

要介護／支援状態の区分を身体状況に照らして簡単に説明すると、「要支援」と「要介護」の違いは、低下した身体機能が訓練などによって、改善の見込みがあるか否かである[表1―1]。

通常、認定結果が下されサービスを利用する際には、「ケアマネジャー」を選んで自分の希望を告げ、相談しながらサービス調整を行う。その過程でケアマネジャーは、利用者の生活状況やニーズを把握する課題分析（アセスメント）を行い、具体的なサービスへとつなげていく。

介護保険制度を利用する際には、在宅や施設を問わず、ケアマネジャーが利用者の意向を尊重しながら、サービス調整を行う要《かなめ》的な存在である（利用者が各サービス事業所を選択する際に、ケアマネジャーの情報を頼りにする）。サービス提供者側も、細かい日程調整や事務処理（費用計算）などは、基本的にケアマネジャーを通して行う。いわばケアマネジャーは利用者の代弁者として、介護現場における大きな役割が課せられている［図1―2］。そのため、利用者にとっては良いケアマネジャーを選ぶことで、その後のサービス状況も変わっていく。

介護現場では、それぞれの役割を担った多くの職種の人たちが働いている［表1―2］。その中でも、中軸を担っているのが「介護福祉士」、または「ヘルパー」と呼ばれる人たちだ。両者の職務内容は、ほとんど同じと考えていいだろう。ただし、「介護福祉士」は国家資格であり取得にあたってのハードルは高いが、「ヘルパー」は数か月の講習会を受講することで資格取得できる。いずれにしても、介護福祉士もしくはヘルパーは、最も利用者と接する機会が多い職種であり、介護現場で従事している人数も多い。なお、各職種

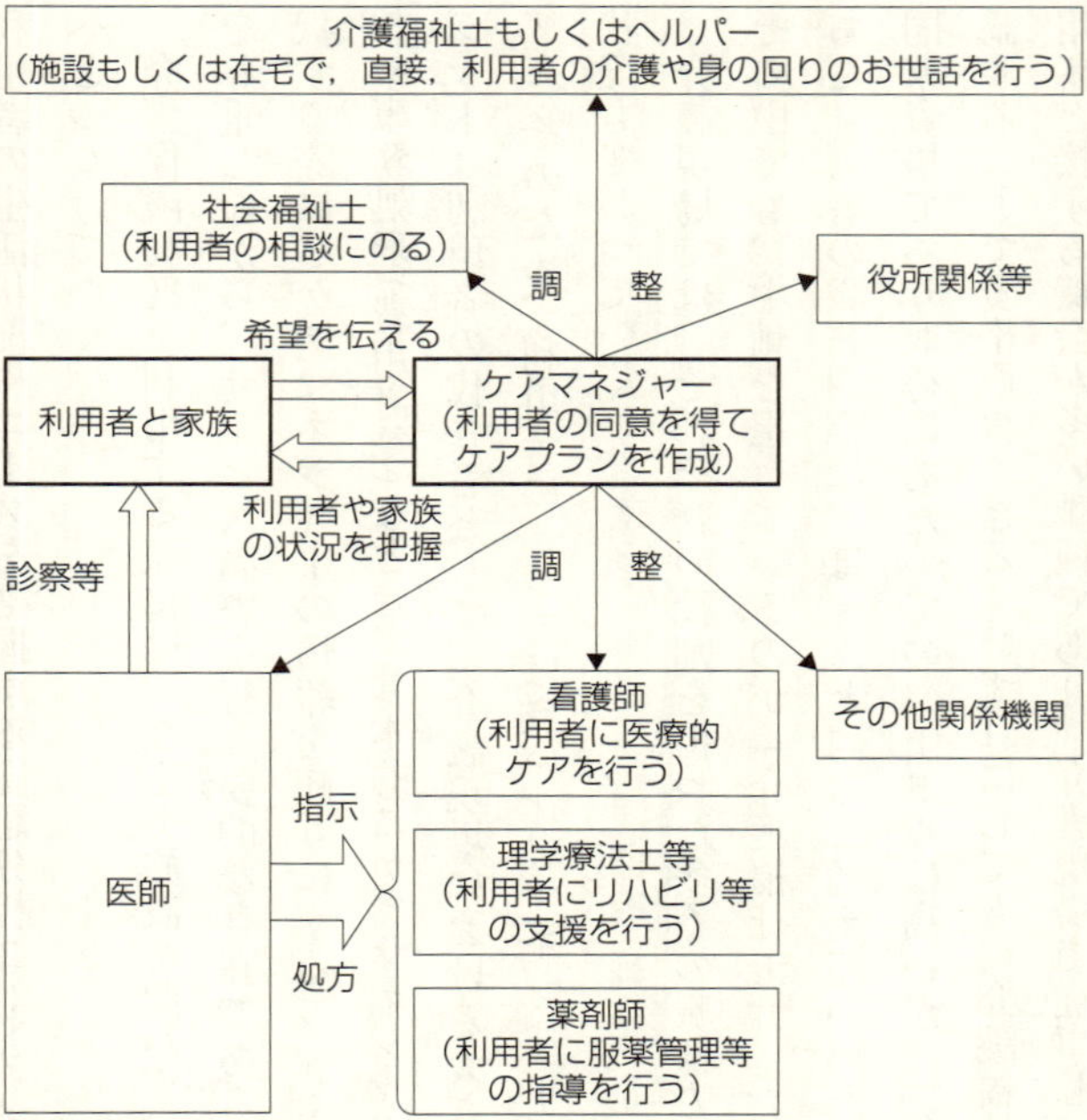

＊筆者の職場体験をもとに作成

図 1-2　介護保険制度における職種間の関連図

はケアマネジャーを中心に連携して、それぞれの専門性を活かしながら、利用者の支援もしくはケアに専念していくことになっている。

故郷から離れての介護

母親の在宅生活は、デイケアに週三回通い、ヘルパーサービスを週二回程度利用するといったものだった。ケアマネジャーと一緒に、そうしたケアプラン（「介護サービス

表 1-2　介護現場で働く主な人たちの職種

ケアマネジャー	介護保険制度を利用するうえで，施設及び在宅を問わず利用者の意向を受ける要的な存在。通常，高齢者一人ずつにケアマネジャーがつき，介護に関する情報提供，サービス調整，関係機関の調整，ケアプラン作成などを通して利用者の代弁者となる職種。特に，介護保険制度における費用関連の計算なども行い，あらゆるマネジメントを担う。
介護福祉士・ヘルパー	在宅や施設を問わず，介護現場において最も利用者と接する機会が多い職種。業務内容は単なる介護(入浴，排泄，移動，食事など)に限らず，身の回りのお世話(掃除，洗濯，食事，買い物など)や各種相談にも対応する。介護福祉士とヘルパーを合わせ「介護士」と総称することもある。
社会福祉士	各種機関で，利用者の相談にのり，介護保険制度に限らず障害や児童分野といった福祉現場で，関係機関の調整を行う。また，各施設の生活相談員という形で，入所相談，生活相談に従事することが多い。
医　　師	通常の医師業務に加え，介護現場では介護保険制度を利用する際，主治医意見書を作成する。また，在宅介護現場では，往診することが多々ある。
看 護 師	施設では，主に利用者の健康管理や医療的ケアなど(吸引，注射，薬の管理など)を行う。在宅では，訪問看護師として，医療的ケアならびに心身の状態を確認する。
理学療法士	高齢者や障害児者等といった，運動機能に障害を持った方々を，その回復に向けて支援していく職種。リハビリテーション現場の中軸となる。
作業療法士	高齢者や障害児者等といった身体的もしくは精神的に障害を持った方々に，日常生活における作業活動を通して，訓練や援助をしていく職種。リハビリテーション現場の中軸となる。
薬 剤 師	医師による処方箋に基づいて，薬の調剤を行い利用者へ服薬に関する管理・説明を行う。

計画」とも呼ばれ、介護保険サービスを利用するうえで、要介護者や要支援者に合ったサービスが提供されるために計画していくもの)を作成して、介護保険サービスを利用しながら在宅生活を続けていった。デイケアでは、リハビリや入浴といったメニューを利用した。介護現場では、「デイケア」と「デイサービス」といった二つの通所型施設サービスがある。両方とも高齢者が送迎バスで施設へ通い、入浴、昼食、レクリエーションなどといった活動を楽しめる施設である。ただし、「デイケア」では主にリハビリなどにも力点が置かれたプログラムが用意され、運動機能向上のための活動メニューが準備されている。それに対して「デイサービス」は、体操といった運動活動メニューはあるものの、どちらかといえば、リハビリよりもレクリエーションといった活動が主となっている。

しかし氏によると、母親は在宅生活になってから、かなりリハビリの機会が減ったという。リハビリ専門病院に入院していた間は、毎日のようにリハビリが継続されていた。しかし、在宅生活になるとデイケアには通うものの、その内容や量が極端に削減されてしまった。在宅で簡単な体操はするものの、母親の身体機能は徐々に低下していったそうだ。

そして、何よりも近所に知人が誰もいなく寂しい思いをしていた。話し相手は、「嫁」である氏の妻やデイケアに通う仲間たちであったが、福井での知人のように何十年も交流を深めてきた人間関係とは異なり、精神的にかなり落ち込んでいたという。そのうち、母親はストレスがたまるようになり、些細なことでも氏の妻にあたるようになった。

妻は「姑」との生活に悩むようになり、身体的にも精神的にも疲れていった。その後、彼女が「姑」の介護を続けていくことは精神的に難しくなり、母親もそのことを理解して施設入所を決意するようになった。しかし、特別養護老人ホーム(特養)は待機者が多く、すぐの入所はとても無理で、有料老人ホームを探すことになったという。そうして、入居後、しばらく時が過ぎ、母親は体調を崩しホーム内で亡くなった。

氏の話から、同じ寝たきりとなった父親と母親で、結末は大きく異なっていたことが理解できる。父親の場合は、主な介護者である妻がいたため、「老老介護」であっても、介護サービスを活用しながら在宅での生活が可能であった。しかし、母親の場合は介護者が身近にいなかったため、たとえ介護保険サービスを利用したとしても、地元福井での在宅生活は難しかった。都内で氏の妻が介護者になることではじめて、介護保険サービスを利用しながらの在宅生活が可能となったのである。

現在の在宅での介護保険サービスは、あくまでも家族介護が前提となっており、それを補完する機能に過ぎない。本来なら、たとえ、独り暮らしの寝たきり高齢者であっても、介護保険サービスのみで手厚い介護が受けられ、在宅生活が充分可能になるべきである。

2 独り暮らしの高齢者

要支援者であれば、介護保険サービスを利用しながら、身の回りのことは自分で行い、独り暮らしを続ける高齢者は多い。買い物など重い荷物を持つことはできないが、簡単な炊事や洗濯は何とかこなしていける。

身寄りのない高齢者

寒さが身にしみる二〇〇七年二月二三日、筆者は独り暮らし高齢者の生活を取材するため、要支援1と認定され、在宅酸素療法を受けている村上和夫氏(仮名)宅を訪問した。慢性呼吸器不全によって酸素吸入の必要があり、鼻に装着されたチューブを引きずりながら、笑顔で玄関先で出迎えてくれた。チューブは何メートルと長く、酸素を吸入する装置(酸素濃縮装置)につながっており、外出するときには携帯用の酸素ボンベを活用している。

七〇歳代前半の氏は、妻を四〇歳で亡くし、以来、天涯孤独の身である。体幹機能障害

（上下肢・体幹の運動機能障害）もあり、身体に負担のかかる動作は避けなければならない。重い荷物を持つことや長時間歩行は難しく、「最近、年をとって握力が低下し、携帯用の酸素ボンベを持ち歩くことが辛くなっているよ」と話してくれた。

特に、部屋の「ほこり」や「ダニ」などには人一倍、気を配り、感染症に注意していかなければならない。呼吸機能が弱いため、一度、風邪でもひいたらたいへんだ。

週二回程度のヘルパーサービスを利用しており、買物や部屋の掃除はヘルパーと一緒に行っている。二〇〇六年四月から改正介護保険制度が実施され、氏のような比較的介護度が軽い要支援1・2といった高齢者は、「介護予防」の視点でサービスを利用することとされた（「介護予防」については、第三章で詳述）。しかも、この時同時に「介護報酬」という介護の値段の体系が変更され、改正前は一二〇分程度のヘルパー派遣を受けることが可能であったのが、改正後は一回のヘルパー派遣が九〇分以内となってしまった。

「自立」とサービス利用制限

氏は、身の回りのことは可能な限り自分で行うよう努力し続けている。定期的に通院し、ヘルパー支援によって自炊を基本とした生活を心がけているのだ。特に、疾病に対する自己管理能力は高く、食生活や栄養バランスなどに配慮した生活を日頃から心がけている。

公営住宅に居住し、家計簿をつけながら障害年金で暮らしている氏は、「案外、酸素濃縮装置の電気代などがかさみ、経済的に切り詰めながらやりくりしているよ。今は、何とか身体的にも経済的にもやれるが、年もとっているので、いつまでヘルパーサービスを活用しながら在宅生活を継続できるか不安だよ。しかし、できるだけ長く在宅で生活していくことが、自分に与えられた務めと考えているね」と話してくれた。

介護保険制度では、たとえば慢性呼吸器不全であっても、ヘルパーにすべてを依存するのではなく、身体に負担のかからない程度で自立に向けた生活を維持し、サービスを利用することとされている。特に、要支援1・2であればたとえ疾患があっても、単純にヘルパーに身の回りのことを依頼することは、「介護予防」のためという理由でできない。「介護予防サービス」が導入されて、利用者は限られた範囲でしか、介護保険サービスを利用することができなくなった。過剰にサービスを利用すると、余計に身体を動かさなくなる、との考えから、介護保険サービスの提供は制限すべき、との理屈である。しかし、七〇歳もしくは八〇歳を超えた高齢者が独りで暮らしていること自体、生活全体がすでに充分な訓練となっているのではないか。筆者は、ヘルパーサービスなどを多めに利用しながら、多少は家事の負担を軽減させていくべきと考える。

3　高齢者見守り活動の現場では

認知症の独り暮らし高齢者の場合、その支援はかなり難しくなる。特に、財産関係の取り扱いには、第三者は介入しづらい。その意味では、独り暮らし高齢者の介護を考えた場合、金銭的な取り扱いは大きな課題となる。しかし、親類などとの関係が良好でない場合、第三者に財産管理を委ねる独り暮らし高齢者は決して少なくない。

独り暮らし高齢者を見守る

二〇〇七年二月二七日、自営業を営みながら自治会副会長を務める福井精一郎氏（仮名）から、氏の活動について話を伺った。氏は生まれも育ちもこの自治会の区域内で、同自治会では現在、ボランティアで高齢者の支援を行っている。氏によれば、独り暮らし高齢者の支援において、金銭絡みの問題が、もっとも面倒であるという。特に、身寄りがない場合、本人以外の者が通帳などからお金を引き出すことは著しく困難であり、入院や各種手続きといった契約事項にも手間がかかるそうだ。

かつて、八〇歳を過ぎた松本くに子さん（仮名）が、急に心筋梗塞で倒れ、救急車で病院へ運ばれた。この女性は近所との人付合いがなく、親戚とも長らく音信不通のまま暮らしていた。身の回りの世話をする人もなく、ようやく近所の人が、彼女が入院したことを自治会に伝え、氏が支援することとなった。入退院の手続きにしても、親戚でもない氏が行うとなると、病院側への説明に手間がかかる。特に、在宅に戻る際には、介護保険サービスを利用する各種手続きにおいて、支援する経過や本人との関係など詳細な説明を役所にしなければならない。役所の対応にしても、親戚でない氏が各種手続きや相談に訪れると、「どうして来たのか」といった、何か冷たい目で見られる印象を受けるそうだ。他人が何かと支援するとなると、幾度となく各種機関ごとに同じ話をしなければならない。

たしかに、金銭の取り扱いや契約事項など、本人が第三者にそれらを託す「任意後見制度」「成年後見制度」といった制度がある。しかし、高齢者の多くは突然病に倒れ、即、社会的なルールに従って契約行為をしていかなければならない。身内が行えば、スムーズに運ぶ事柄でも、他人が支援していくとなれば、かなりの手間がかかるという。

親類は当てにできない

ただし、たとえ甥や姪といった身内があっても、氏に支援を求めて来る高齢者もいるそうだ。氏の幼なじみで八〇歳を過ぎた高村和也さん(仮名)は、結婚せずに独りで暮らしてきた。何十年もこの自治会内で暮らしていたため、近所のお店では「ツケ」で支払いを後回しにすることが多かった。その高村さんが、もともと認知症の兆候が見えていたものの、ある日、急に脳梗塞で倒れ救急車で運ばれてしまった。

自治会の役員であった福井氏が支援することになったが、甥や姪が中心となって契約事項の確認を行うのかと思っていたのが、本人から全面的に金銭管理を任されてしまった。

高村さん自身が甥や姪による金銭管理を拒んだからである。高村さんは、かつて甥が「叔父さんの持ち家の地価は相当高いでしょうね?」と言ったことを覚えており、甥たちが財産を狙っていると思い込んでしまったのだ。結果的には、福井氏が「保佐人」(一定の契約事項で、保佐人の同意がなければその契約は成立しない)という立場で支援することになったが、近所の商店に「ツケ」を払うため、本人の通帳からお金を引き出すことはできなかった。本人は「ツケ」にしたこと自体は覚えてはいたものの、確かな金額を把握しておらず伝票もなかったためである。福井氏が「保佐人」として、高村さんの支払いを手伝おうとしても、伝票などがないと難しい。結局、近所の商店主も回収は諦めてしまった。

独り暮らし高齢者を支援するには、たとえ身内であろうと、相互に信頼関係がなければならない。甥や姪といっても、必ずしも当事者との関係が良好とは限らない。息子や娘であっても同じかもしれないが。

現在、財産などといった金銭管理が絡む支援においては、むしろ、身内よりも第三者に頼んだほうが安心するという高齢者も少なくない。身内が高齢者を全般的に支援するといった構図は崩れ始めている。

4　高齢者をターゲットにする悪質業者の実態

たとえ認知症でなくとも独り暮らし高齢者は、「消費者」という立場で、常に危険にさらされている。高齢者を狙った悪質業者が、最近、多くなっているのだ。しかも、かなりの人が泣き寝入りをしている場合が多く、被害に遭ったことに気づいてさえいない高齢者もいる。その意味で、消費者保護といった観点からの高齢者支援が重要である。

高齢者の消費者被害

筆者がケアマネジャーの仕事に就いて二年目のとき、自分が担当していた高齢者が三〇万円もする14型テレビを訪問販売で購入させられてしまい、その相談を受けたことがある。八〇歳代半ばで独り暮らしの高田節子氏(仮名)という方である。相談された時期が購入してから三週間後のことで、クーリングオフ(特定商取引法において、訪問販売や電話勧誘販売などで消費者が購入しても、一定の期間内であれば契約を解除できること)の期間はすでに過ぎていた。結果的には、「買ってしまった私が悪いのだからしかたがない」と、高田氏は消費者センターにも相談せず、筆者が話を聞くだけとなった苦い体験である。

その高田氏の話によると、「人の良さそうなスーツ姿の男女二人が、突然、チャイムを鳴らしてきて、「今、高齢者の家庭を調査している者だが、日常的に困っていることはないか」と心配そうに会話を始め、そのうち良い商品があるといって購入を促された」という。「自分も親切そうな人たちと思い、気軽に昔話を交えて一時間ぐらい話をして心が打ち解けた。特別、視力にやさしいからと、三〇万円で購入してしまった。しかし、三週間後、徐々に後悔して、話す気になった」ということだった。

東京都の『高齢者の消費者被害防止のための地域におけるしくみづくりガイドライン』

によれば、都内全域で二〇〇五年度、六〇歳以上の消費者による相談件数は二万五七九三件に達している(架空・不正請求以外)。これら相談件数の中で問題となる販売手口の上位としては、一位「家庭訪問販売」、二位「電話勧誘販売」、三位「次々販売」(一人の消費者に次々と新たな契約をさせる販売手口)、四位「点検商法」(屋根や布団等の点検と言って訪問して契約させる販売手口)、五位「無料商法」(無料と言って誘い、契約させる販売手口)、などである。また、相談の多い商品・サービスは、一位「工事・建築」(床下や屋根裏を中心にした耐震工事、リフォーム絡みの販売)、二位「電話サービス」、三位「フリーローン・サラ金」、四位「オンライン等関連サービス」、五位「商品相場」(先物取引など)、となっている。

悪質業者は第一印象がいい

独り暮らし高齢者は、日頃から「寂しさ」を感じている人も少なくなく、親切な言葉で訪問販売員が会話を始め、その後に商品を勧められると、「情」を感じて契約してしまう傾向にあるようだ。しかも、その販売員が高齢者の健康上の不安をネタにしながら、さも心配しているかのように装うと、高齢者もついその気になってしまう。たとえば、「手すりをつけて転ばないように」といって住宅改修を勧め、「お風呂がワンタッチで沸かせる機器にしましょう、物忘れが始まるとガス漏れに注意しないと」と言って風呂釜を交換させたりする。特に、住宅改修においては、状況によって介護保険による公的助成が受けられるにもかかわらず、何十万円という金額で契約させられてしまい、工事が始まってからケアマネジャーが知ることで問題が発覚することも多い。

悪質業者は、闇のネットワークを構築しており、集合住宅の表札に薄く鉛筆で「✓」印がなされていると、その高齢者は「いいカモ」であるという目印となっているともいう。逆に「×」の印があると要注意であるというサインだ。被害に遭う高齢者は自分が狙われたことにすら気づいていない場合も多く、繰り返し騙されてしまうのである。

5　介護と医療のあいだで追われる家族

寝たきりになった高齢者が施設などに入所せず、娘や妻が献身的に在宅介護を行うとした場合、介護保険サービスは、どの程度機能するのかを考えてみよう。

年々弱っていった母親

二〇〇七年四月二五日、筆者はその年の一月に九〇歳で亡くなった村井和子さん(仮名)の介護を約一〇年間担っていた、実の娘である向井栄子氏(仮名)に話を伺った。村井さんは九八年頃、自治体の老人健康診断で、はじめて「多発性脳梗塞」と診断された。

多くの会話で母親(村井さん)は次第に「はい! はい!」と応えるだけとなっていき、向井氏は思考能力が低下していく状況をつぶさに感じていった。歩行の際も杖を使用することが常となった。二〇〇〇年頃にはその杖歩行も難しくなり、シルバーカー(お年寄りの歩行補助車で杖替わりになる)が欠かせなくなり、長時間の場合は車椅子を利用するようになったそうだ。その頃ちょうど介護保険制度がスタートしたため、ヘルパーサービスなどの利用を始めたという。

そして、二〇〇三年頃、車椅子で散歩中に、突然、母親は息切れがひどくなり体調を崩し、そのまま入院した。検査の結果、「虚血性心疾患」(心臓の筋肉に栄養や酸素を運ぶ血管が動脈硬化になる病気)という診断であった。しばらく治療が継続され、やがて自宅に帰ってきたが、以降は車椅子とベッド上での生活が主となった。

二〇〇五年頃、再び体調を崩して入院。食事中の「誤嚥《ごえん》」がもとで肺炎を引き起こしたのだ。治療の結果、延命するためには「経鼻《けいび》栄養法」(食事が口から取れなくなったとき鼻からチューブを入れて栄養補給を行う方法)、もしくは「胃瘻《いろう》栄養法」(同じく腹部から直接、胃にチューブを入れて栄養補給を行う方法)のどちらかの選択を余儀なくされた。向井氏は熟慮の結果、「経鼻栄養法」を選択した。この入院で本人の反応は、向井氏の声掛けに対してうなずく程度で、本人から意思表示がされることはなくなった。

息もつけないほどの介護へ

退院後、二年間に及ぶ向井氏の息もつけない介護生活が始まることになった。「経鼻栄養法」による食事介助には、一食二時間程度かかる。それを三食行うとなれば、一日六時間は最低限必要となる。しかも、痰の吸引が常時必要となり、痰を吐き出しやすくするため食事前に必ず吸入する。また、寝たきり状態であるため、褥瘡《じょくそう》(長期間の寝たきりによって、身体の一部が圧迫され皮膚が腐る症状)予防のために、二時間ごとに体位交換をする。向井氏は、二四時間の中で一四時間以上、母親のそばで介護を行うか、もしくは待機していたという。

二度目の退院後、週三回程度訪問看護サービスを依頼し、ヘルパーサービスも同三回程度利用した。訪問看護師には、主に昼食時の「経鼻栄養法」の操作及び痰の吸引を任せ、一回一時間半ぐらいのサービス利用中に、向井氏は近くのスーパーマーケットへ買い物に出かけ、それが唯一、母親の介護から解放される時間となった。母親が亡くなる約四か月前からは、さらに体調が悪化し、毎日、訪問看護サービスを利用するようになった。当然、介護保険制度の枠内には収まらず、自費でサービスを利用した。もっとも、向井氏の娘(村井さんの孫)も学生ながら徐々に介護方法を身につけ、時々、母親の介護に携わり支えてくれた。

インタビューの中で、向井氏に「有料老人ホームなどへの施設入所は考えなかったのですか」と尋ねてみた。すると、「母には元気な時に、自分が寝たきりになった際には、無理して在宅介護で頑張らずに施設に入れて、と言われていた。しかし、私は母が祖母(村井さんの母親)を在宅で介護し続け、最期まで看取ったことを覚えており、自分もそうしたいと決めていた。亡くなる数時間前に、母が私にうなずいてくれた気がするので、最期まで在宅介護を続けてよかった」と涙ぐみながら話してくれた。

また、ショートステイや施設サービスは、医療的ケアを伴う高齢者が利用できる施設が限られていたため、当初から探す気にもならなかったそうだ。

ヘルパーには頼めない

向井氏が息もつけない介護生活を余儀なくされていた背景にあるのは、「経鼻栄養法」の操作を中心とした医療的ケアが、家族以外の第三者では看護師といった医療系職種にしか許されていない点だ。つまり、在宅ないし施設介護現場でも同じことだが、ヘルパーが行える介護は、医療的ケア以外の介護分野のみであり、限られた範囲でのサービス提供とされている。また、このような方の介護の場合、かなり熟練した介護技術が要求される。そのため、向井氏が細かい点まで、ヘルパーに介護方法を教示しなければならず、それもかなりの負担となったという。

向井氏は、苦笑いしながら「ヘルパー会社は、うちに新人ヘルパーを何回か派遣して、私に介護技術を習わせることで、一人前にしていくのかと感じたわ。まあ、他の人にも役に立つのだから、ヘルパーに熱心に介護技術を教えたけどね」と話してくれた。

亡くなるまでの二年間、母親は要介護度５という重い状態にあった。同じ要介護度５であっても、医療的ケアを伴う人とそうでない人の場合で、もう少し、保険が利く枠に差があってもいいのではないかと向井氏は感じたという。医療的ケアを伴う在宅介護の場合、どうしても訪問看護サービスの回数を増やさざるを得ない。しかし、利用回数を増やしていけば、すぐに限度額を超えてしまい、自費での対応を余儀なくされる。

最後に、向井氏は「一〇年間で家族全員が乗り越えなければならなかったこととして、①母親の認知症のことで、徐々に記憶や日常的な意識が低下していく状況を、やむなく受け入れなければならなかったこと。②他人が家に入ることで、ヘルパーや看護師などが、毎日、自宅を訪れるようになり、家族全員が気を配る生活に慣れなければならなかったこと。③母親のように看護師派遣が増えると自費負担が生じ、ケアマネジャーと一緒に介護経費のやりくりをしなければならなかったこと。④肉体的にも精神的にも介護疲れを乗り越えなければならなかったこと」と、長期間の在宅介護を通しての感想を話してくれた。

6 「老老介護」の夫から聞く

高齢社会において、「老老介護」は珍しいことではなくなった。「娘」「息子」「嫁」が親の介護を担うのではなく、妻や夫が高齢ながらも介護者となり、要介護者の在宅介護を支えている。しかも、介護者自身も軽度の要介護者であることも少なくない。

夫の介護生活

二〇〇七年六月五日、筆者はある「老老介護」世帯を訪問した。夫である山本健二氏(仮名)は七〇歳代後半、両膝関節症で杖歩行であるため要介護度１と判定され、ヘルパーサービスを週に数回利用している。妻も七〇歳代後半となり、要介護度５で認知症が激しく寝たきり状態となっている。二人の間に子どもはなく、六〜七年前に妻が寝たきりとなって、以後、夫が妻の介護をしている。

妻は痰がからみ、自力で出すことができず、吸引を必要としている。特に、夜中にむせることが多い。そのため、夫は常時、近くで待機している。毎日、午前中と午後に妻が依頼しているヘルパーが来て、おむつ交換や食事の世話をする。また、週二回、訪問看護師が来て排泄介助を行い、理学療法士によるリハビリも受けている。しかし、その時間以外は、夫がすべての介護を行っているというが、腰痛もあっておむつ交換などは辛そうだ。

妻はアルツハイマー型認知症ではあるが、目と耳はしっかりとしている。昔のことは思い出せないが、新しく来たヘルパーさんのことなどに興味を示し、じっと観察しているという。

傍に誰かいなくなると不安になり、「アーアー」と声を出すが、「ここに居る」と夫が答えると安心して何も言わなくなる。寝たきりで認知症が進んでも、妻には一定程度、認識能力が維持されているそうだ。だが、運動神経が麻痺しているため、寝返りが打てない。

妻が夫である自分のことを、どの程度認識しているかは分からないが、それなりの反応があるため、夫はできる限りのことはしていきたいという。しかし、自分も要介護度1で介護保険サービスを利用している身なので、あまり無理はできず、ヘルパーサービスや訪問看護サービスが命綱である、とのことであった。

家族介護の限界

寝たきりとなった高齢者を介護することは、家族にとってはかなりの負担となり、二四時間体制で介護する状況だ。それに対して介護保険サービスでは、長くて一二〇分程度のヘルパーサービスを、一日三回程度(介護度によって週何回使えるかは異なる)使えるのみで、それ以外は、家族介護に依存する。

もう少し、家族の負担を考えて、長時間のヘルパーサービスや訪問看護サービスが利用できなければ、家族の介護疲れは解消されない。「ショートステイ」といって、短い期間介護施設へ預けるサービスもあるが、利用するには、全国平均で二か月待ちという状態だ。そのため、寝たきり高齢者のいる世帯では、六時間程度の長時間ヘルパーサービスや訪問看護を利用できる介護システムを早急に導入して、家族介護の負担軽減を図るべきである。現在の在宅介護保険サービスは、あまりにも家族介護に依存しているのである。

7　高齢者虐待の現状

家族が献身的に介護に励んでいても、先が見えない状態となると精神的にも追い詰められてしまう。そうなると、「虐待」といった事態を招きかねない。特に、夫や息子(男性)が介護者になると、その傾向が高くなるようだ。

家族による高齢者虐待

デイサービスに通っている高齢者で、介助職員が入浴の際、前の週にはなかった「身体のアザ」を見つけ、緊急でケアマネジャーへ連絡してくることがある。家族に電話をかけても、「本人が転んでしまったもので、たいしたことはない」との答えが返ってきたりする。それとなく本人に聞いても、「自分で転んだ、問題ない」となかなか本音を話してくれない。数日後、役所の高齢者福祉課や「地域包括支援センター」(地域に設置されている公的な高齢者総合相談機関)の職員、保健センター職員及び民生委員らを交えて、対応を話し合ったりもするが、それには長期的なアプローチと高度な援助技術が求められる。

加害者と被害者との関係においては、第三者には理解できない要素もあり、援助者側には難しい対応が迫られる。いくら援助者側が虐待は避けるべきだと促しても、加害者である息子や娘は、「物忘れがひどくなったので強く言い聞かせないとますます呆けてしまう」と言って、虐待している認識すら持っていないことも多い。介護ストレスなどで精神的に不安定となり、知らず知らずに虐待をしてしまう娘などもおり、加害者側も長期間の在宅介護に追われる被害者との見方もできるかもしれない。

特に、昨今、介護疲れによって介護者が家族を殺害する「介護殺人」のニュースが、繰り返し報道されている。これらの中で、自ら一一〇番した七四歳の夫が、駆け付けた警察官に、「私が殺しました。世話が大変でした」と告げたという記事が印象的であった(『読売新聞』二〇〇六年一一月二一日付)。

同記事には、「二月一日 京都市伏見区で五四歳の長男が介護疲れと生活苦から、認知症の母親(八六)の承諾を得て、首を絞めて殺害」「四月二二日 神奈川県相模原市で、七〇歳の夫が認知症の妻(七〇)の首を絞めて殺害。その後、自殺を図ったが死にきれなかった。ほぼ一人で介護していた」などといったように、二〇〇六年に生じた高齢者介護に絡むいくつかの事件が紹介されている。

当初は献身的に在宅介護に取り組んできた家族が、先の見えない介護生活に行き詰まり、殺人といった最悪の結末を迎える。このような結果に至るまでに、何らかの支援や対応がなされていれば事件は防げたのかもしれない。

虐待の統計

二〇〇六年四月一日施行の高齢者虐待防止法によれば、高齢者虐待の類型は、①身体的虐待(暴行)、②介護・世話の放棄(ネグレクト)、③心理的虐待(心理的外傷を与えるような言動)、④性的虐待(尿漏れなどを公言してしまう。「うちの母は、尿漏れがあってたいへんよ!」と近所に世間話するなど)、⑤経済的虐待(高齢者から不当に経済上の利益を得ること)、と位置づけられている。

また、二〇〇六年度に厚生労働省(厚労省)が高齢者虐待防止法に基づいて行った調査によれば、家族や親族等による六五歳以上の高齢者への虐待は、この年全国で一万二五六九件にのぼったそうだ。虐待をしていたのは、「息子三八・五%」「配偶者一九・八%」「娘一四・五%」であり、形態としては「身体的虐待六三・七%」、排泄の失敗を責めるなどの「心理的虐待三五・九%」、お金を渡さないといった「経済的虐待二七・一%」、ネグレクト、すなわち「介護等放棄二九・五%」であった(厚生労働省「平成一八(二〇〇六)年度高齢者虐待の防止、高齢者の養護者に対する支援等に関する法律に基づく対応状況等に関する調査結果(確定版)」二〇〇七年一二月)。

8 施設に入るまで/入ってから

在宅介護が難しければ施設へ入所させればいいのではないか、と考える人も多いであろう。自分は息子や娘の世話にはならず、老後は施設に入所して他人に面倒を看てもらいたいと願う人も多いに違いない。

しかし、介護保険制度があっても施設サービスにおいては、必ずしも利用しやすい状況とはなっていない。むしろ、施設入所すること自体かなり難しいと言わざるをえない。

入所できない特別養護老人ホーム

ケアマネジャーとして介護現場で働いていると、家族からの相談を受けることが基本業務の一つとなる。たとえば、特別養護老人ホーム（特養）への入所を切望し、それを支えに在宅介護に耐え忍んでいる家族が少なくない。しかし、何年も入所できず思いつめて涙ぐみながら「なぜ、これだけ待って入所できないのか。本人の年金や世帯収入もわずかで、施設入所は特養以外考えられない。明日にでも入所させてほしい」と訴えてくる。これは実際に六〇歳の娘が、独りで寝たきりになった九〇歳の母親を介護し続け、精神的に追い詰められていた時の会話である。「特養」とは、介護保険施設（特別養護老人ホーム・老人保健施設・介護型療養病床）の一つであり、介護保険制度に基づく施設が多く、利用者のニーズがもっとも高い、要介護度１以上の高齢者が入所できる公的な老人ホームである。

二〇〇五年一〇月からの改正介護保険法の一部先行実施（特養などの施設系サービスのみ半年前倒しで実施）によって、「介護保険施設」及びそのショートステイ（短期入所）利用時の居住費及び食費が介護保険給付の対象から外された（低所得者には配慮がなされている）。もっとも、四人部屋であれば個室料もなく、毎月の総費用が平均六〜七万円と安価であることはよく知られている。しかも、一度入所することができれば、入院する程の病気にならない限り、長期間そこで生活することができる。家族としても次の施設を探す必要がなく安心だ。

通常、入所まで平均して、二〜三年以上と長期間待たされ、毎月、きっちり介護保険料を納めていても、いざ寝たきり状態となり施設を利用しようとすると、何百人と待機者がいる。

特養入所希望者は各施設に必要書類を添えて申し込み手続きを行い、入所者は施設ごとの入所判定委員会によって決定される。しかし、定員が決まっているため退所者や亡くなる人がいない限り、すぐには入所できないのだ。介護保険制度が始まって間もない頃までは、申し込み順で入所決定がなされていた。しかし、二〇〇三年以降は家庭環境や本人の状態等を考慮して、優先度の高い順に入所できる仕組みになっている（厚生労働省老健局計画課通知「指定介護老人福祉施設の入所に関する指針について」）。

その判定基準は、①本人の要介護度が高いか否か、②認知症による日常生活状況の程度、③年齢及び在宅介護もしくは入院期間の年数、④在宅における介護保険サービスの利用状況、⑤単身世帯か否か、同居家族が高齢もしくは病弱である否か、⑥家族及び介護者がいるか否か、⑦年金収入の額など、となっている。これらの入所判定基準は、通常、施設管内の市区町村と協議しながら決定される。

このように改めて特養入所の仕組みを見ていくと、要介護度の低い高齢者はほとんど入所できないことが分かる。筆者の経験からも〇三年以降、要介護度4ないし要介護度5でなければ特養への入所は難しい印象を受ける。要介護度3であっても独り暮らし高齢者で身寄りがなく、軽い認知症もあって在宅介護が難しいという人でなければ入所は難しい。

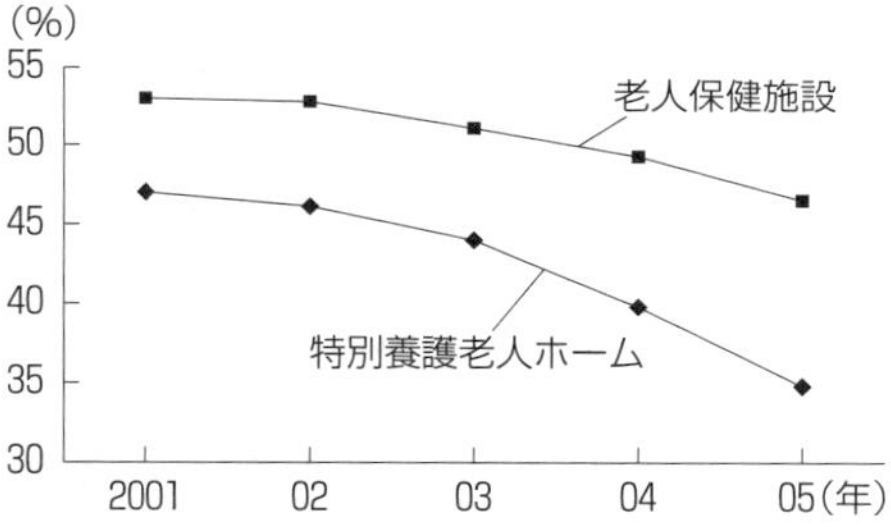

出所：厚労省「各年版介護サービス施設・事業所調査」より作成

図1-3　特別養護老人ホーム及び老人保健施設における室定員に占める4人部屋の割合の推移

新型特養ホームの完全個室化・ユニット型化

二〇〇二年度以降、厚労省は特養のあり方を大きく変えた［図1―3］。新設する特養を、完全個室化・ユニット型化する（居室をいくつかのグループ

表1-3　介護保険3施設における事業所数及び在所者数の推移

特別養護老人ホーム

	2001年	2005年	2006年
施設数	4,651か所	5,535か所	5,716か所
在所者数	309,740人	376,328人	392,547人

老人保健施設

	2001年	2005年	2006年
施設数	2,779か所	3,278か所	3,391か所
在所者数	223,895人	269,352人	280,589人

介護型療養病床

	2001年	2005年	2006年
施設数	3,792か所	3,400か所	2,929か所
在所者数	109,329人	120,448人	111,099人

出所：厚労省「各年版介護サービス施設・事業所調査」より作成

に分け、それぞれのグループを一つの生活単位とする）方針を打ち出したのだ。それによって特養における四人部屋のベッド数増加が抑えられる結果となった。つまり、新設の特養施設整備費の抑制を目指したと考えられる。これらの施設は、一般的に「新型特養」と呼ばれている。

四人部屋では、たしかに、利用者のプライバシーが阻害される。特養の完全個室化・ユニット型化は、サービスの質を向上させていく点では間違っていない。しかし、介護施策全体から見た場合はどうであろうか。特養には、現在、三〇万人以上とも目される待機者がおり、日々、そのニーズは高まっている。毎日、家族が入所できる日を待ちわびて、在宅介護に耐えている人も多い。特養のベッド数は、この六年間で九万人程度しか増加していない［表1－3］。新設される特養の完全個室化・ユニット型化が主となれば、ベッド数の供給増加はますます緩やかになっていくだろう。まずは供給量増加を優先していくべきではないだろうか。

費用面においては、四人部屋であれば、当然、個室料は生じないが、完全個室化・ユニット型化した施設を利用した際には、通常、四人部屋に比べ個室料として毎月六〜七万円程度の自己負担が上乗せされ、合計月一二万円以上の負担が必要となる。たしかに、「補足給付」といった低所得者向けの助成制度があり、一定の経済的配慮はなされているが、状況によっては利用できない場合もあるだろう。

老人保健施設に入所してから

本章の冒頭でも少し触れたが、「老健施設」(老健)という言葉を耳にしたことはないだろうか。たとえ耳にしたことはあっても特養と老健との違いを説明できる人は、そう多くはいないだろう。共に介護保険が適用されている施設では、どちらでも利用者の自己負担額にそう変わりはない。まず、特養と比べその大きな違いは、入所しても老健の場合、三か月〜一年以内に退所することが前提となっている。基本的には、病院に入院して一定の治療が終了後、在宅での生活は難しいという高齢者を対象にしている。治療の必要はなく病状は安定しているものの、リハビリや看護・介護が必要となっている高齢者を、先々在宅で生活していけるようにケアしていくことが目的である。

しかし、入所者が在宅へ戻るケースは少ない。老健施設に入所しても病状が不安定となり再度入院する、順番がきて特養へ入所が決定する、有料老人ホームに入居する、などが、退所ケースとしては一般的である。利用者の中には、六か月ごとに老健施設を替わりながら、繰り返し入所を続ける人もいる。その意味で、在宅と施設の中間機能を担う本来の役割というよりは、「期限付きの入所施設」の意味合いが強くなってきている。

かつて、筆者は、妻が要介護度1、夫が要介護度5の老夫婦のケースを担当したことがある。しばらく、妻は体が不自由となりながらも「老老介護」で、夫の介護を献身的に行っていたが、ついに肉体的にも精神的にも疲れきって限界となってしまった。特養は、一〇〇人待ちで入所ができず、三か月待ってようやく夫を老健施設へ入所させることができた。しかし、六か月で退所することが決まっていたため、入所と同時に別の老健施設への申し込みを行い、常に、六か月先のことを想定して支援していた。それから夫は四か所の老健施設を回り、ようやく二年後に特養施設へ入所することができた。その時の妻の表情は、喜びと安堵感に満ち溢れていたことを今でも思い出す。

「次の受け入れ先を探さないと、また、在宅介護が始まる」と、精神的なプレッシャーに耐えながら老健施設を利用している人は少なくない。

昔は「老人病院」と言われていた「療養病床」

かつては「老人病院」と呼ばれていた医療施設で、一般の病床と比べて医師、看護師数が少なく、主に介護・療養を目的とした病院が「療養病床」である。医療保険適用の「医療型療養病床」と介護保険適用の「介護型療養病床」の二つに分類され、一般的に利用者の医療的ケアが必要な場合は、「医療型療養病床」へ入院するケースが多い。厚労省は、これらの「療養病床」を、約三八万床から一五万床程度に削減する方針を、二〇〇六年医療制度改革関連法等に盛り込んだ(『読売新聞』二〇〇六年二月二七日付)。

しかし、日々、ケアマネジャーの仕事をしている筆者は、「療養病床」の役割は大きいと痛感している。一定の治療を経て病状が安定した高齢者の中には、常時、医療的ケアが欠かせない人も多い。たとえば、糖尿病によるインシュリン注射が常時必要であるが、寝たきりに近い状態で、自分では注射を打つことができない人などである。通常、家族以外であれば看護師といった医療職以外に注射をすることはできないため、独り暮らし高齢者であれば施設や病院へ入院する傾向にある。しかし、特養や老健施設では、看護師の配置が限られているため、このような入所者は制限されている。ＩＶＨ（中心静脈法）といって消化器疾患などで食事ができない場合で、大静脈にカテーテルを入れて栄養補給するような高齢者も、その他、吸引や経管栄養といった、常時医療的ケアが必要な高齢者も同様である。

このような医療的ケアが必要な高齢者が施設や病院を探す場合、まず、「療養病床」を想定しがちだ。利用者の自己負担額は、四人部屋であれば、通常、毎月一二～二〇万円以内となっており、地域によっては一〇万円程度で利用できる療養病床もある。入院に際しては、二～三か月の待機期間を要するが、一旦入院できれば二～三年間といった長期入院も可能となる。

「ケアハウス」について

「ケアハウス」（公的施設と位置づけられるものの、営利的な経営方法を部分的に取り入れることが可能）とは、一九八九年頃から設置され始めた施設で、以前にもあった軽費老人ホーム（元気な高齢者が入所する老人ホーム）の一種で、食事付きの高齢者向け住宅を思い浮かべていただければ分かりやすい。ただし、従来の全室個室となっていた軽費老人ホームは、要介護状態になれば退所しなければならず、原則、自立している六〇歳以上（夫婦の場合はどちらかが六〇歳以上）の高齢者を対象としていた。

しかし、「ケアハウス」では、要介護状態になった場合でも、外部からの在宅介護サービスを受けることで、食事や入浴の際に施設職員と相談しながらヘルパー派遣やデイサービスなどといった介護保険サービスを利用することができる。基本的に「ケアハウス」は、「特定施設入居者生活介護」といった介護保険制度上の指定を受けることが多い。つまり、民間事業所でありながら介護保険制度のサービスも活用でき、いわゆる「自費によるサービス」プラス「介護保険サービス」を組み合わせて利用できる施設である。利用料は食事代を含め、総経費が一か月あたり約一〇〜一五万円程度で、個人の所得によって異なる。介護保険サービスを利用すれば、それに一割の自己負担も生じる。

限られる「グループホーム」の利用

一方、「グループホーム」（公的施設と位置づけられるものの、家賃などの一部分は営利的に費用を設定できる）は、「認知症対応型共同生活介護施設」と呼ばれ、九人程度を一つのユニットとしており、高齢者が共同で生活していく小規模な施設である。原則、認知症の高齢者を対象としており、全室個室となっているものの、高齢者が職員と一緒に自炊し、家庭的な雰囲気の中で認知症の進行を緩和させていくことが目的とされている。しかし、入所時には認知症のみの症状で、何とか身の回りのことはできていた高齢者でも、数年後、身体機能が低下して車椅子状態になってしまう人は多い。そのため、徐々に要介護度が重くなっていく高齢者が、退所を余儀なくされるケースもある。もっとも、施設によっては寝たきり状態でも入所の継続を認めるグループホームもあり、ターミナルケア(治癒が見込めない終末期癌患者などを対象に、延命を目的とせず痛みの緩和など患者の生活の質を重視したケア)まで担う施設さえある。

二〇〇六年改正介護保険制度の実施によって、原則、自分の住んでいる住所地内のグループホームしか利用することができなくなった。「グループホーム」が、いわゆる地域密着型サービスに位置づけられたのだ。それによって、大都市を中心に地価高騰によってグループホームの建設が出遅れていた地域では、これらのサービスが利用できない可能性が一気に高まった。

9　有料老人ホームという選択肢

多少、金銭的に余裕があり、介護保険制度の枠内で施設サービスを利用することが難しければ、有料老人ホームに入所しようと考える人もいるだろう。有料老人ホームは大きく分けて、「介護付有料老人ホーム」「住宅型有料老人ホーム」「健康型有料老人ホーム」といった三つに分類され、「介護付有料老人ホーム」はさらに一般型と外部サービス利用型に分けられる。

有料老人ホームの現状

二〇〇七年二月二一日、筆者は都内にある民間介護施設紹介センター（株式会社みんかい）の統括室長である笹川泰宏氏に話を伺った。この紹介センターは、首都圏を中心に「有料老人ホーム」「シニア住宅・高齢者マンション」を主に紹介する民間会社で、病院・老健施設や市役所・区役所など、信頼できる機関の相談員らと連携をはかり年間五〇〇〇件以上の相談を受け付けている。高齢者などによる相談は無料で、利用者が、実際、有料老人ホームなどに入居契約した際に、施設側からセンターに紹介料が支払われる仕組みとなっている。いわば有料老人ホームなどをコーディネートする会社である。氏によれば、相談に来る高齢者やその家族は、大きく次の三パターンに分けられるという。

第一に、さまざまな事情で在宅介護に困難が生じ、高齢者の家族が特養の入所申し込みを行っても、何百人待ちであるとの説明を受け、初めて施設入所の困難さを実感した場合である。最終的に有料老人ホームの選択を余儀なくされ、関係機関から紹介されて同センターを訪れる。たとえば、独り暮らし高齢者で認知症が目立ち「ボヤ騒ぎ」を起こすなど在宅生活が難しくなったケース。または、家族が在宅介護に限界を感じ、思い詰めて相談に来ることも多い。

第二に、脳梗塞や心筋梗塞で、突然、救急車で病院へ運ばれ、一定程度治療した後に退院を迫られたが、家庭の事情で在宅介護は無理であり、次の入所先を探している家族だ。入院先の医療ソーシャルワーカーに相談しても、同じく特養への入所は難しいとの説明を受け、転院先の病院を紹介されても費用面で困難があり、有料老人ホームについて相談に訪れる場合である。

第三に、比較的高齢者本人からの相談も多いという。マスコミなどで高齢者問題を目にすることがあり、将来、自分の生活に不安を抱き、施設関係の情報収集に訪れるといったケースである。このようなケースは全体の二割程度に留まっているそうだ。

有料老人ホームの費用については、都内であれば、毎月、約二三万円前後が相場であり、神奈川県では、平均約二〇万円前後となっている。地方によっては約一五万円以下の施設もあるが、いずれにしろこれら毎月の費用にプラスして、入居者の介護度に応じて介護保険自己負担額一割の二〜三万円程度が必要である。また、入居金に関しては、一〇〇〜一〇〇〇万円までといったように幅があり、〇円という施設もある。もっとも、入居一時金が安ければそれだけ毎月の費用額に上乗せされるのが一般的である。三〇〇万円以上の入居金を支払った場合には、たいてい一定期間内に退所すれば何割かが返還される仕組みとなっている。契約時には注意して書類に目を通すことが重要だという。特に、いったん入居してから思っていた生活とは違っていたため退所するという場合、契約日から九〇日以内であれば、契約解除として入居一時金は全額返還される仕組みとなっている（クーリングオフ）。ただし、入居したその間の諸経費は支払わなければならない。

基本的に有料老人ホームは、入居者本人が一代限り居室や共用施設を利用できる権利（借家権または居住権のようなもの）を買うことになっており、所有権として得るものではない。入居一時金数千万〜数億円といった、超豪華な有料老人ホームをテレビ番組などで目にすることがあるだろう。これらの場合は高額な入居一時金を支払うことによって、贅沢な住環境を終身利用できることになる。

最後に、笹川氏によれば、有料老人ホームを選択するにあたっては、豪華な設備や建物などに惑わされず、一〇年、二〇年先の自分の状態を何となくイメージしながら、ソフト面を意識して選択するべきであるという。そして、できるだけ体験入居して何日か施設の様子を見極めてから、決めていくべきである、とのことであった。

施設内での高齢者虐待

有料老人ホームであれ、他の介護施設であれ、高齢者虐待の問題はある。この場合、加害者は多くの場合介護職員となる。

二〇〇六年八月、特養の男性職員二人が女性入居者に性的暴言を吐いていたと全国的に報道された（『読売新聞』二〇〇六年八月七日付）。記事によると、東京都東大和市の特養ホーム「さくら苑」で、職員による性的虐待発言が、録音テープによって明らかとなった。被害にあった女性（九〇歳）は寝たきりで、家族は以前から施設での介護の内容に不審を抱いていたため、録音テープを隠し録りして事件が発覚したのだ。職員二人はオムツ交換の際に、女性に性的暴言を浴びせていた。

二〇〇七年二月二〇日付『毎日新聞』では、「入所者オリに拘束――無届け介護施設 ベッドには手錠」という記事が一面に掲載された。記事によると、千葉県浦安市の無届介護施設において、認知症の高齢者などをペット用の檻に閉じ込め手錠でつないでいたとの報道で、度々、ベッド上で身体拘束が繰り返されていたという疑惑である。介護施設では、緊急避難的な場合を除いて、ベッドに身体拘束した場合には基本的に虐待とみなされる。

毎年、このような施設内における高齢者虐待の報道がいくつもなされ、その度に介護従事者のモラルが問われる。しかし、先の浦安市の事件などの背景には、深刻化する介護施設の供給不足といった側面があり、このような社会的背景があるからこそ、こういったひどい介護施設でも経営が存続できるのだ。

＊

このように、本人はもちろん家族を含めて、介護サービスが必要となったときに、はじめてその厳しい現実を実感するであろう。もしかすると、介護保険制度があるから、そうなった時には、何とかなると安易に考えている人も少なくないかもしれない。

しかし、介護保険制度は介護現場において欠かせないシステムとはなっているものの、充分に機能しているわけではない。むしろ、当事者からしてみれば不充分であると認識している人が多いはずだ。「介護保険制度で高齢者介護を支える」といった考えは、ある意味では〝幻想〟に近いと言ってもいいかもしれない。そのことを、介護に関係のない人たち(世代)も認識すべきであろう。

このように多くの人たちが問題を抱える介護現場を紹介してきたが、次章では介護保険制度の枠組みを少し解説しながら、併せて日本の介護システムと介護現場の乖離を述べてみることにしよう。

第二章　現場と政策とのあいだ

1 「支え合い」と「競争」の混在

「支え合い」としての介護保険サービス

介護保険サービスを利用できる六五歳になっても、健康上まったく問題がなければ、保険料が年金から天引きされるだけで、将来、本当に自分にメリットがあるのかと半信半疑に思う人も多いだろう。

総務省「二〇〇五年国勢調査抽出速報集計結果の概要」によると、六五歳以上人口は約二六八二万人である。そのうち実際に介護保険サービスを利用していたのは、二〇〇五年度は約四四〇万人であった(厚生労働省「平成一八年度介護給付費実態調査結果の概況」)。つまり、八割以上の高齢者は介護保険サービスを使わず、保険料だけ支払っていることになる。特に、四〇歳以上六五歳未満といった現役世代(第二号被保険者)は、将来、介護状態になるかどうかも未確定なまま、社会保険という位置づけで、毎月、保険料を支払い続けているだろう。

筆者は、以前、経済的にかなり裕福な家族から「介護保険サービスを利用するには、認定申請やいろいろな手続きが面倒だから、全額自費で支払うので、適当に調整して。もちろん、ケアマネジャーへの支払いも全額自費で払うから」と相談されたことがある。しかし、デイサービスやショートステイといった施設系サービスの利用に際して、特別な場合を除いて介護保険制度の枠内で事務処理をするので、できれば全額自費の利用は遠慮してくれないか、と事業所から言われた。利用者が自費になると費用計算といった処理で、毎回、手間がかかるというのである。もちろん、強くお願いすれば自費で利用することも、できたのかもしれないのだが。

前章でも紹介した高齢者たちは、すべて何らかの形で介護保険サービスを利用していた。現在、介護保険制度の枠外の公的介護サービスは極めて少なく、利用するにしても対象者は限られている。これらは、主に各市区町村で行っている自治体サービスになる。

たとえば、東京都千代田区では「入院生活支援」といった介護サービスを実施している。独り暮らし高齢者等が病気治療のために入院した際に、委託した事業者からヘルパーが派遣され、身の回りの援助や入退院時の支援が受けられるのだ。

また、介護認定調査結果で「自立」と判定され、介護保険サービスは必要ではないとされた高齢者を対象に、独自にヘルパー派遣事業を実施している自治体もある。しかし、これらの介護サービスは、あくまで介護保険サービスの補完的な位置づけでしかない。

表 2-1　全国ヘルパー事業所総数とそのうちで営利法人が占める割合

	総数	営利法人が占める割合
2001 年 10 月	11,644	34.0%
2002　10	12,346	36.1
2003　10	15,701	44.8
2004　10	17,274	48.2
2005　10	20,618	53.8
2006　10	20,948	54.2

出所：厚労省「各年版介護サービス施設・事業所調査」より作成

競争原理と「公」の撤退

介護保険制度は、競争原理のメリットを最大限に活かしていくことが、導入のねらいとされた。それによって事業所数も増え、利用者による選択の幅が広がると考えられた。二〇〇一年から〇六年にかけてのヘルパー事業所の推移をみてみると、年々その数が増え続け、営利企業の割合も高くなっていたことがわかる［表2―1］。しかし、二〇〇七年末と〇八年二月時とを比べると、それらが若干減少している報告もなされている（『千葉日報』二〇〇八年三月二四日付）。

そして、大部分の公的機関はサービス部門から撤退し、株式会社やNPO法人（特定非営利団体）などといった多様な供給主体が介護サービスの担い手となっている。多くの自治体は、「介護保険事業計画」「保険財政運営」「認定調査事務」「各種手続」等に専念する傾向となり、介護現場を直接担うことは少なくなっている。

しかし、公的機関が直接サービス部門から全面撤退をすることで、制度の歪みを調整できる機能が自治体に備わらなくなったのではないだろうか。

そもそも競争原理のメリットが多少でも活かされるには、利用したい需要側とサービスを提供する供給側が、少なくとも、概ね同じ人数規模である必要がある。しかし、第一章で紹介した特別養護老人ホーム(特養)事例が典型であるが、一般的に供給側がまったく足りない状況である。しかも、地域によってサービス量に偏在が見られ、利用者がサービスを自由に選べるようにはなっていない。

2　二〇〇六年改正で何が変わったのか

「廃用症候群」というキーワード

何度も繰り返しているように、二〇〇六年四月から改正介護保険制度がスタートした。この改正は、「持続可能な介護保険制度の構築」というキャッチフレーズの下、従来の枠組みを大きく変えるものであった。その大きな目玉として、「介護予防」という理念が本格的に制度の中に導入され、在宅介護部門を中心に大きな影響を与えている(「介護予防」の詳細については第三章で述べる)。

ところで、読者は「廃用症候群」という耳慣れない言葉に対して、どのようなイメージを抱くであろうか。簡単に説明すると、高齢者などが一時的に体調を崩し長期的に安静にしていると、体を動かさなくなりそのまま寝たきりになってしまう状態のことである。病気以外でも日常的に体を動かす機会が減少すると、身体機能が徐々に低下して足腰が弱くなってしまう。よく「生活不活発病」という言葉に置き換えられることがあり、この悪循環を避けるため、適度の運動や日常的に体を動かすことが勧められる。この「廃用症候群」、もしくは「生活不活発病」というキーワードが、「予防重視型システムへの転換」の切り札として用いられた。

その背景として、二〇〇〇年から始まった介護保険制度においては、軽度者(当時、要支援・要介護度1)によるサービス利用が急増していたことがある。厚労省のパンフレットから直接引用すると「軽度者の方は、転倒、骨折、関節疾患などにより徐々に生活機能が低下していく「廃用症候群(生活不活発病)」の状態にある方や、その可能性の高い方が多いのが特徴で、適切なサービス利用により「状態の維持・改善」が期待されます」と述べられている（厚生労働省（パンフレット）『介護保険制度改革の概要――介護保険法改正と介護報酬改定』）。

つまり、これまで軽度者（現在、要支援１・２、要介護度１）を中心にサービス提供が適切になされておらず、たとえば、ヘルパーサービス等を多く使ったため、逆に介護状態になる恐れが生じてしまった、という分析である。いわゆる「家政婦代わり」のサービス利用を問題視しているのであろう。たしかに、そのような利用形態も多少はあったかもしれないが、軽度者を直撃したこの制度改正は、結果的に介護現場に衝撃を与えている。

施設サービスの見直し

繰り返しになるが、介護保険制度の代表的な施設サービスとしては、特別養護老人ホーム（特養）、老人保健施設（老健施設）、介護型療養病床の三施設がある。新制度では、これらの利用に際して「居住費」及び「食費」と称して、新たに利用者側の負担が求められるようになった。しかも、原則、それらの費用に関しては、国からのガイドライン（厚生労働省「居住、滞在及び食事の提供に係る利用料に関するガイドライン」）を参考に、利用者と施設等との契約に基づくとされた。

具体的には利用者の所得に応じて、従来に比べ毎月平均一〜三万円の自己負担増が強いられている(ただし、一部の生活保護受給者や低所得者は、助成制度(「補足給付」と言われる)などがありそれほど影響を受けていない)。

見直しの大きな理屈は、在宅介護者と施設入所者との公平性を図るということであった。従来は施設に入所してしまえば、毎月、四〜五万円で生活可能となっていた。それに対し在宅介護の高齢者は、光熱費や食費、家賃といった住居費の負担が必要とされ、施設に入所するより逆に経費がかかってしまう。そのため、施設における負担を少し増やして、その差を埋めることがねらいとされた。

施設入所者に対する「居住費」及び「食費」に関する自己負担の増加は、やむをえなかったのかもしれない。しかし、その場合でもショートステイやデイサービスでは、一時的に施設を利用するのみで、基本はあくまでも在宅介護である。その意味では、それらにおける負担増は見送られるべきであったと筆者は考える。

筆者が担当していたケースだが、毎月約六万円の国民年金で生活している独り暮らし高齢者で、この食費負担増によってデイサービスの利用回数を週三回から週二回へ減らした方がいた。一回の「食費」がそれまで材料費のみの三〇〇円であったものが、五〇〇円になってしまったためである。一回二〇〇円のみの増額とはいえ、合計すると毎月八〇〇円以上の負担増となる。デイサービスを一回利用すると約一割負担の一〇〇〇円弱となり、それに「食費」や「おやつ代」などを合わせると、合計一七〇〇円以上になる。毎月で計算すると六八〇〇円以上になり、たとえ数百円の負担増であっても年金生活者にとっては厳しい。

地域性に根ざしたサービス

さらに、二〇〇六年の改正では、在宅介護部門を中心に「地域包括支援センター」(「介護予防」と絡め第三章で説明)や「地域密着型サービス」等といった新たなサービスが創設された。

「地域密着型サービス」の代表は、「小規模多機能型居宅介護事業」や「グループホーム」(認知症対応型共同生活介護施設)、「夜間対応型訪問介護」「認知症対応型通所介護」(認知症者用のデイサービス)等である(ただし、「グループホーム」は新設サービスではない)。

これらの設置・運営に関しては保険者である各自治体に委ねられ、原則、施設が設置さ

表 2-2　主な地域密着型サービスの事業所数

	小規模多機能型居宅介護	認知症対応型通所介護	夜間対応型訪問介護
2006 年 10 月審査	184 か所	2,403 か所	11 か所
2007 年 4 月審査	507	2,562	50
2007 年 10 月審査	1,066	2,770	77

出所：厚労省「介護給付費実態調査月報」より作成

れている市区町村の住民のみがサービスを利用できるとされている。もっとも、A市とB市が協定を結べば、B市の住民もA市のサービスを利用できることになってはいる。ただし、新たなサービスが創設されたとしても、利用者が自由に事業者を選べる程度の供給量でなければ、逆に、利用者が事業者に選別されてしまう。

表2－2からも理解できるように、全国の主な地域密着型サービスの事業所数推移を見ると、現在、「夜間対応型訪問介護」の事業数が伸び悩んでいる。夜中にも対応できる介護サービスの拡充が目指されたにもかかわらず、全国で七七か所しか事業所の参入がなく、当初に期待されたほどの供給が確保されていない。一方、「小規模多機能型居宅介護」の事業所数は、徐々に増えてはいる。だが、その利用に際しての課題は大きく、同じく期待されたほどの供給が整備されているわけではない。たとえば、利用者が一つの小規模多機能型居宅介護事業所を選ぶと、その枠内でのみサービス提供が実施されるようになり固定化されてしまう（次項で詳細に説明）。訪問看護サービスなど一部

を除いて、他の事業所ヘルパーサービスなどとの併用ができなくなるのだ。地域密着型サービスは、新設されたばかりで、もう少し経過を見なければならないが、利用形態をより柔軟にすべきであろう。

「小規模多機能型居宅介護事業」の現状

「小規模多機能型居宅介護事業」は、主に認知症高齢者向けの在宅介護の拠点となることが期待されている。

二〇〇七年八月一〇日、筆者は荒川区で小規模多機能型居宅介護事業を展開している責任者の小山政男氏に話を伺った。下町の雰囲気が残る地区で、三階建てビルの一階のフロアを借りて事業を展開している。筆者が訪れたとき、四名ほどの高齢者がデイサービスの事業を利用していた。事務所の家賃は毎月約二七万円で、東京以外の事業所に比べればかなり高額である。基本的に登録した利用者に対して、「デイサービス」「訪問介護サービス」「ショートステイサービス」のすべてを提供する介護事業所で、サービスを柔軟に利用できる、まさしく〝多機能サービス〟である。

氏によれば、認知症高齢者のケアには、一定程度のスキルが必要とされるベテランスタッフを揃えなければならないという。「通い」「宿泊」「訪問」といったすべてのサービス体系をこなせる介護士は少なく、スタッフを集めるだけでも難しい。しかも、介護報酬による収入は限られているため、賃金を高く支払うこともできず、全国的に事業経営には課題が山積しているそうだ。

利用者の負担額はショートステイの利用日数によって多少異なるが、介護保険自己負担及び食費などを含めて、毎月三〜四万円である。利用者側でも、在宅サービスに毎月三〜四万円という利用料を負担することには躊躇する人も多く、また、他事業者のサービスを利用することができない規定となっているなど、費用面とサービス選択の不自由さなどに課題が残る。

氏によれば、二〇〇七年三月にオープンしてから半年が過ぎて未だに赤字であるが、七か月目になり、ようやく若干の黒字の目途がたったという。この事業自体が全国的に広がるには、かなりの経済的保障がなければ難しい、とのことであった。

新制度における認定調査

既述のように、介護保険サービスを利用するには認定調査を経なければならないわけだが、二〇〇六年四月以降、従来であれば要介護度1となりえたはずの人びとが、要支援2と認定されるケースも少なくない。

前章でも簡単に触れたが、「認定調査」とは、高齢者が介護保険サービスを利用する際に、本人の状況把握を目的に市区町村（保険者）が調査し、その結果次第で利用できるサービスが変わっていくものである。調査項目としては、基本的な身体動作（寝返りができるか否か等）や日常生活動作などで、調査員が高齢者の家庭を訪問して聞き取りを行う。この調査結果はマークシートに記載され、コンピュータ処理によって「一次判定」としての結果が出る。そして、高齢者の主治医に意見書の提出を願い、一次判定結果及び主治医意見書をもとに認定審査会で「二次判定」として最終的な介護度が決められる。つまり、二次判定に至る審査会では、主に二通の資料のみで判断され、審査委員が直に利用者の状態を見るわけではない。

厚生労働省『介護給付適正化担当者会議資料』（二〇〇七年六月二九日開催）「要介護認定の適正化」によれば、一次判定で要介護度1相当（要支援2もしくは要介護度1になる可能性）と判定された場合、二次判定で要支援2となる率が三八・二％、要介護度1となる率が三九・一％となっている。

高齢者にとって要支援2となるか、要介護度1と判定されるかでは、サービス利用において大きな違いが生じる。要支援2となれば「介護予防サービス」の利用に振り分けられるため、デメリットを感じる人も多い。これらの微妙な判定を二通の書類のみで最終判断することには問題があると言わざるをえない。

専門性とサービスの質

二〇〇六年以降、介護従事者の専門性が強化され、ケアマネジャーの更新制が導入された。また、ヘルパー二級資格者の介護福祉士への転換(規定の養成日数、もしくは現場経験年数を経なければ国家試験の受験資格は取得できない)といったことが目指されている。しかし、これらの更新や再修得には数万円以上もの経費がかかる。

この分野で専門職として働く以上、技術の向上を目指す意味で自分の時間を費やすことは当然であるが、サービスの質を高めることは公的機関の責務でもあり、自治体や厚労省が一定程度、予算措置を講じていくべきである。介護従事者だけに経済的負担を求めることは、できる限り避けるべきであろう(多くの事業所は零細企業で、その費用を工面できない)。

3　サービスが利用しづらくなった

家政婦代わりではない

介護従事者は常に、厚労省による「介護報酬・事業運営基準」という膨大な資料に基づいて業務を行っている。つまり、利用上限額(八七頁［表3―2］参照)以内であっても、利用者がサービス内容を自由に選べるわけではないのである。この資料を収録した書籍は大きな書店に行けば誰でも購入することができ、介護保険サービスの値段表、及び事業所がサービスを提供するにあたって守るべき事項が記載されている。分量として電話帳ぐらいの厚さがある(社会保険研究所『介護報酬の解釈(平成一八年四月版)単位数表編』『介護報酬の解釈(二〇〇六年四月版)指定基準編』、医学通信社『介護報酬早見表 二〇〇六年四月版』など)。

これらには、保険が利かないサービスについても記載されている。たとえば、高齢者本人以外である家族の「洗濯」「食事作り」「買い物」といった例である。また、直接、日常生活に困らない援助行為として「草むしり」「家族が主に使用する部屋の掃除」「花木の水やり」「犬の散歩」なども援助対象外である。以上のことは、ヘルパーサービスが「家政婦代わりではない」という観点からは当然であるが、個別ケースごとにみていくと課題は残る。

さらにグレーゾーンとなるサービスとして、「介護報酬・事業運営基準」では、日常に行われる家事の範囲を超える部分の、「大掃除」「窓のガラス磨き」「季節ごとによる衣服の入れ替え」「床のワックスがけ」「電気器具等の移動」などにも保険は利かないことになっている。これらの援助に関しては、援助者側と利用者側とで認識が食い違うことが多く、調整が難しい。

ケアマネジャーとして勤務してきた筆者の経験でも、「ベランダ排水溝の掃除」「ガスコンロの焦げ磨き」「窓のガラス磨き」などを依頼された際に、保険の適用外であることを説明しても、利用者の理解を得られなかったことがある。このようなグレーゾーンにおいては、ヘルパーによっては援助してしまうこともあり、利用者とヘルパーの信頼関係によって「阿吽《あうん》の呼吸」とでもいうような形で問題が解決されていることが多い。しかし、両者に信頼関係が築けず、特に利用者側がヘルパーを「家政婦代わり」と誤認している場合には、難しい対応が迫られる。

ヘルパーサービスを利用するにあたっては、「本人と一緒」というのが基本である。サービス開始前に、ヘルパーはケアマネジャーと一緒に、本人のできない部分を補うという視点で訪問介護計画を作成する。前述のように本人の身体が不自由であっても、残された機能を最大限に活用することが基本となる。たとえば、食事作りの援助においては、「ジャガイモの皮むき」はできなくても、「米とぎ」などが一部分でも可能であればやってもらい、すべてをヘルパーに依存しないようにする。

このように、あくまでも「自立支援」が念頭に置かれたサービス体系となっているため、本人とヘルパーは一緒にいることが前提とされているのだ。つまり、ヘルパーに掃除等をお願いして、「本人は買い物に行く」「病院に行く」ことはできない。

同居家族がいる場合のヘルパーサービス（生活援助）

二〇〇七年六月五日、五〇歳代半ばで病気によって、寝たきりとなった八木秀子氏（仮名、第二号被保険者）を訪問した。氏は三人家族で、夫が勤め人で、一人娘は大学生である。氏は要介護度4と判定されており、介護保険制度がスタートした二〇〇〇年以前から寝たきりとなってしまっていた。しかし、言葉も鮮明で、その日は、初対面ながら笑顔でインタビューに応えてくれた。

率直に現在の介護保険制度の問題点を聞いてみると、二〇〇六年頃から急にサービス利用の制限が生じ、健常者の同居者がいる場合、役所から生活援助(家事援助)を基本としたヘルパーサービスは許されないと言われ、サービスが打ち切られたそうだ。日中、夫は勤めており娘も大学やアルバイトで忙しいため、「洗濯」「部屋の掃除」「食事作り」など、定期的にヘルパーサービス(生活援助)を必要としていた。現在、糖尿病を患っている同氏は、病人食である特殊な食事作りが必要で、毎日、一時間のヘルパー派遣(この場合は、例外的に「身体介護」になる)は認められているという。

氏は介護保険制度の限度額内であれば、ケアマネジャーと利用者が主体となって、サービスの組み合わせを決めていくべきだと主張する。役所が細かいところまで「あれはダメ! これはダメ!」と指導するのはおかしいと感じているそうだ。「そもそも介護保険制度の創設目的は、「介護の社会化」ということで、保険料を新たに支払うことで国民が介護状態になっても、家族にあまり負担をかけず社会が支援していくはずであった」と訴える。サービスを減らされたことで、今は勤め人である夫が年休を取って家事を行い、娘が母親の介護を夜遅くまで行っている。氏は、夫も娘も疲れきっており申し訳ない、と打ち明けてくれた。

「生活援助」とは主に家事援助サービスで、「身体介護」は入浴介助、オムツ交換といった身体に直接触れる介護である。基本的に「当該家族等の障害、疾病等の理由により、当該利用者又は当該家族等が家事を行うことが困難である者に対して、生活援助が中心である指定訪問介護を行った場合に所定単位数を算定する」(医学通信社『介護報酬早見表 二〇〇六年四月版』)と、「生活援助」の利用は厳しく制限されている。もっとも、「障害、疾病のほか、障害、疾病がない場合であっても、同様のやむをえない事情により、家事が困難な場合をいうものである」(前掲書)という二〇〇〇年度厚労省からの通達があり、例外規定は設けられている。自治体によっては、これらを拡大解釈して、日中、独り暮らしであれば、同居家族がいても生活援助によるヘルパーサービスを保険内で認めている地域も、ごく少ないがある。

二〇〇七年一二月二〇日、厚労省はヘルパーが行う「生活援助」について、同居家族がいても、状況に応じて判断するよう各都道府県の担当課に呼びかけてはいる。だが、曖昧な助言となっていることは否めない(厚生労働省老健局振興課事務連絡「同居家族等がいる場合における訪問介護サービス及び介護予防訪問介護サービスの生活援助等の取り扱いについて」二〇〇七年一二月二〇日)。

通院介助には保険が利かない

同じ二〇〇七年六月五日、あるヘルパー事業所の所長である山本弘子氏(仮名)に、通院介助におけるヘルパーサービスの利用制限について話を聞いた。

氏によると、現在の介護保険制度では高齢者が車椅子状態で、病院に行く際に介助が必要な場合、保険は往きと帰りの行程にしか利かないそうだ。しかし、認知症などの高齢者の場合は、待合室や診察室、検査室など、どこに行きどんな手続きをすればよいか本人には分からない。院内の関係者に聞くこともできない。多くの医療機関では、病院スタッフがこのような患者を、常時、看てくれるわけではなく、付添がいなければ受診することもできない。外来では病院側がケアするという意識は薄く、家族ないしヘルパーが介助する認識が強い傾向だ。

経済的に余裕のある人は、院内のヘルパー介助は自費(一時間あたり約二〇〇〇～三〇〇〇円)で対応しているという。

しかし、生活保護受給者や低所得者の場合は、ヘルパー事業所の方で負担しているケースが多いそうだ。病院へ行くのに三〇分、院内で診察・検査といった待ち時間等で一時間、

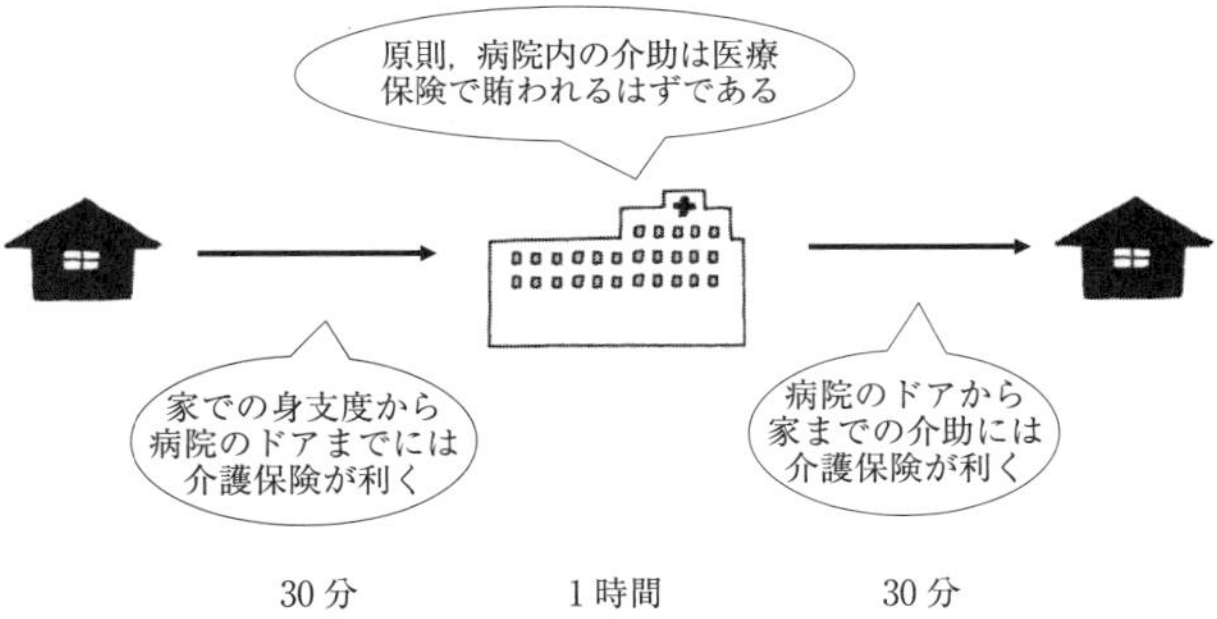
原則，病院内の介助は医療
保険で賄われるはずである
家での身支度から
病院のドアまでには
介護保険が利く
病院のドアから
家までの介助には
介護保険が利く
30 分
1 時間
30 分

図 2-1　通院に際しての介護保険とヘルパーサービス

そして、自宅へ帰るのに三〇分だとすると、ヘルパーは実質二時間働いたことになる［図2―1］。にもかかわらず、院内介助の一時間分は保険請求できないため、事業所が一時間分の給料を負担して損することになる。利用者が安心して通院できるようにと、氏の事業所では通院介助は常勤者(社員)が対応し、非常勤ヘルパーの賃金を未払いにさせないよう心がけているそうだ。しかし、事業所としては、その時間、無料で派遣していることに変わりはない。いつまでこのような対応ができるか、経営的にも組織的にも不安であるという。

このように医療保険と介護保険の棲み分けを机上で行うことによって、利用者はもちろん、介護従事者及び事業者がかなりの負担を強いられているのである。

生活保護受給者には利用料がかからない

東京都特別区内で週一回一時間程度のヘルパー派遣を生活援助(家事援助)で利用すれば、一か月四回程度利用することになり、合計約八九〇〇円(〇六年介護報酬)の経費がかかる。そして、利用者の自己負担は、そのうちの一割の約八九〇円となる。

サービスメニューを増やしていけば、当然、自己負担額も増えていく。ただし、生活保護受給者の場合は、「介護扶助」という仕組みがあり、利用者の自己負担はない。もっとも、デイサービスなどの食費は生活保護費から直接、利用者が支払うことになっている。

二〇〇七年五月三一日、筆者はケースワーカーの川上高司氏(仮名)に生活保護現場の話を伺うため、ある役所を訪問した。面接室に通された後、昨今、生活保護制度において「老年者加算」「母子加算」の廃止が実施されているが、どう思うか率直に聞いてみた。すると現場では利用者によって多少の違いはあるが、やはり困っている人が多いという。

氏は、生活保護の受給者は医療費や介護費の自己負担がなく、一部の国民年金生活者よりも恵まれているということで、加算等の見直しが実施されたのではないかと推測している。同氏はさらに、一部には国民年金生活者よりも生活保護受給者のほうが恵まれている実態があることは否定しないと、述べてくれた。

しかし、そもそも国民年金制度の給付費自体に問題があり、年金額が毎月六万円に満たない制度自体を見直すべきであると、氏は述べた。本来であれば、国民年金生活者の生活水準を押し上げていく流れになるべきものが、逆に生活保護受給者の水準を引き下げる議論になってしまっている。憲法二五条で保障されている「すべて国民は、健康で文化的な最低限度の生活を営む権利を有する」という概念が、昨今、脅かされている危険を感じているという。

4　地方を歩いて感じる地域間格差

保険料における地域間格差

介護保険制度には五割の公費が投入されているとはいえ、被保険者から保険料を集めていることに変わりはない。第一号被保険者(六五歳以上が対象)の二〇〇六年から〇九年にかけての介護保険料は、各都道府県によってかなりの差がある[表2－3]。

言うまでもないが介護保険制度は市区町村単位で運営されているため、地域事情やサービス体系も違うことから、多少の差はいたしかたない。しかし、都道府県によって毎月平

表 2-3　2006-09 年における都道府県別平均介護保険料基準額

全国平均	4,090 円
上位の都道府県	
1 位　沖縄県	4,875 円
2 位　徳島県	4,861
3 位　青森県	4,781
4 位　長崎県	4,765
5 位　大阪府	4,675
下位の都道府県	
1 位　茨城県	3,461 円
2 位　福島県	3,496
3 位　栃木県	3,549
4 位　埼玉県	3,581
5 位　千葉県	3,590

出所：厚労省「第 1 回　介護保険料の在り方等に関する検討会資料一覧」2007 年より作成

表 2-4　都道府県別第 1 号被保険者に占める認定率

（2005 年度末）

全国平均	16.1%
上位の都道府県	
1 位　徳島県	20.9%
2 位　長崎県	20.1
3 位　和歌山県	19.4
4 位　愛媛県	19.0
5 位　広島県	18.9
5 位　大分県	18.9
下位の都道府県	
1 位　埼玉県	12.7%
1 位　茨城県	12.7
3 位　千葉県	13.0
4 位　静岡県	13.8
5 位　栃木県	14.0
5 位　愛知県	14.0

出所：厚労省「平成 17 年度介護保険事業状況報告（年報）」より作成

均一〇〇〇円以上も保険料に差があるのはどうであろうか。しかも、たとえば沖縄県与那国町の月額六一〇〇円と、岐阜県七宗町の二二〇〇円とでは約二・八倍もの開きがある。

　これら保険料に関する格差の大きな要因には、第一号被保険者に占める介護認定者の割合が影響している［表2―4］。当然のことであるが、介護保険サービスを利用する要介護者が少なければ、それだけ介護給付費も膨らまず保険料が少なくて済む。なお、第一号被保険者の保険料収納率は、年金からの天引きという仕組みをとっていることもあり全国平均九八・二%となっており、その地域間格差はほとんどない。

以下、いくつかの地域における現状を紹介する。

過疎化の進む愛媛県の介護事情

二〇〇八年三月二五日、筆者は愛媛県松山市にある在宅介護研修センターの伊東寛氏にインタビューを行った。同県出身である氏は、東京でヘルパー業務や行政の介護現場で働いた後、三年前にUターンをしてセンター長に就任している。センターの事業内容としては、研修部門として県内のヘルパーやケアマネジャーを対象に、毎週、無料もしくは数百円で介護の研修会を開催して、介護従事者の専門職育成に努めている。また、介護実践の場としてデイサービス事業も展開しており、研修と実践の場が一体的に組み合わさった研修センターである。

愛媛県全体の高齢化率は二〇〇六年度で二三・九%となっており、最も高い久万高原町では四一・四九%で、山間部や島嶼部といった地域で過疎化が進んでいる。しかも、愛媛県全体で第一号被保険者に占める介護認定者率は一九・〇%で全国四位となっている。

氏によれば東京都と愛媛県の大きな違いは、サービス面での基盤整備にあるという。全国的に幅があるものの介護保険料を同じように支払っていても、各地域の基盤整備の状況によって利用できるか否かが決まる。実際、県庁所在地である松山市内であれば東京都とさほど状況は変わらない。しかし、山間部や島嶼部に住んでいる高齢者が在宅系サービスを使うことはほとんどない。要介護度1と認定されるであろう人が、介護保険の認定申請をせず、島の老人会などで一日を過ごしているのである。ある意味、老人会がデイサービスの代替的な役割を果たしているといえる。氏によれば、東京に比べ愛媛県の人々は、在宅介護の見切りが早く、施設入所への依存度が高い傾向があるということであった。

雪国の山形県南陽市

二〇〇七年八月二八日、筆者は山形県南陽市市役所で介護関連の仕事をしている保健師の大竹美喜氏に話を伺った。南陽市は、北に丘陵、南に沃野、開湯九百年余の伝統ある赤湯温泉や熊野大社などがあり、伝統と歴史を誇る街である。人口は約三万五〇〇〇人で高齢化率は約二六％に達している。氏の話の中で印象的だったのは、冬になると高齢者が外出することに消極的になることだ。積雪量の多い南陽市では、冬になるとデイサービスなどの利用者が減少し、家に閉じこもりがちになる。

また、年に二回以上屋根の雪下ろしをしなければならず、独り暮らしや老夫婦だけの高齢者世帯は、地域住民や親類などに雪下ろしを頼まなければならない。低所得者には市から若干の助成金が支給されるが、業者に頼むと一回に三万円以上の費用がかかるそうだ。ただし、それとは別に日々、玄関先の雪かきは行わなければならず、高齢者世帯にとっては大きな重荷となっているという。隣近所の家が親切に雪かきをしてくれればいいが、近所付合いが上手くいっていない場合は難しい。ヘルパーなどは自分が家に入るために簡単な雪かきをして、サービスを開始することも少なくないらしい。その意味で、ヘルパーは家事や身体介護の仕事以外の作業を強いられることもある。このような高齢者の中には、越冬のため老人保健施設などに数か月入所する人も少なくないそうだ。

県庁所在地の山形市の場合

翌八月二九日、山形市内にある「特別養護老人ホームながまち荘」の峯田幸悦氏(施設長)及び安井健氏(ケアマネジャー)に話を伺った。山形市(人口約二五万人)は、南陽市と異なり、それほどの積雪量はなく冬でも比較的過ごしやすい。二人の話の中で印象的だったのが、施設入所と家計との関係である。前章でも触れたが、現在、特養ホームは完全個室化・ユニット型化の傾向にあり、それに伴い利用料も上がっている。しかし、山形市の場合、市内でも国民年金受給者の割合が高く、その人々の間では四人部屋の希望者が多い。「補足給付」といった助成制度を活用できなければ、四人部屋しか利用できないのが実情である。完全個室化・ユニット型化した部屋を利用できる高齢者は、厚生年金もしくは共済年金受給者が中心である。県庁所在地の山形市といえども、毎月一二〜一五万円の利用料を支払える世帯はそう多くはない。

山形市内の介護人材難の実情について話を伺うと、施設の正規職員になれば年収三〇〇万円程度は保障され、他の職種に比べて必ずしも低いとはいえないという。特に、介護職には女性が多く、市内には他に就職口がないため、離職率は低いそうだ。しかし、度重なる介護報酬のマイナス改定によって、非常勤職員の占める割合を増やさざるをえないため、それらを公募してもなかなか応募が集まらない。

山形県の場合は三世代家族の割合が高く、親と一緒に生活している介護従事者が多い。そのため、年収三〇〇万円程度でも生活可能で、共働きをすれば何とか生活していける。その意味では、大都市で顕著となっている介護人材不足問題は、物価水準の問題とは別に、三世代家族といった社会的背景によっても救われているとの意見であった。

＊

このようにみてくると、介護現場のニーズと実際の政策とに、大きな溝が生じているといわざるをえない。たとえば、保険料を毎月支払っていても、一定程度の条件を満たさなければ生活援助（家事援助）を中心としたヘルパーサービスを利用できず、軽度者を中心にサービス時間は制限されている。

また、施設系サービスの不足に関しては、二〇〇〇年の介護保険制度創設時から問題が顕在化しているにもかかわらず、事態は少しも改善されていない。むしろ、要介護（旧要支援）認定者数の増加によって、事態は深刻化しているともいえる［図2－2］。

このような現場での問題に対して明確な処方箋が打ち出されず、むしろ、現場のニーズに必ずしも適合していない政策が形成されているのである。その要因としては財政問題が挙げられ、厚労省も保険財政の議論を用いて、

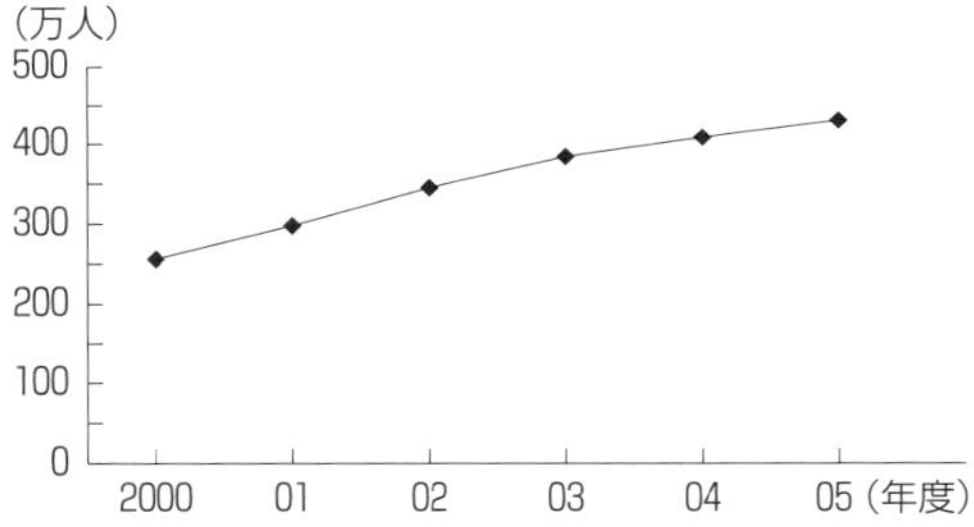

出所：厚労省「平成17年度介護保険事業状況報告（年報）」より作成

図2-2　要介護／支援認定者数の推移

「介護予防」などの重要性をことさら強調している印象を受ける。制度の持続という観点で財政論も重要であるが、何よりも高齢者やその家族の「今、危機的な介護生活」に目を向けることが優先されるべきである。

第三章　介護予防システム——その仕組みと有効性

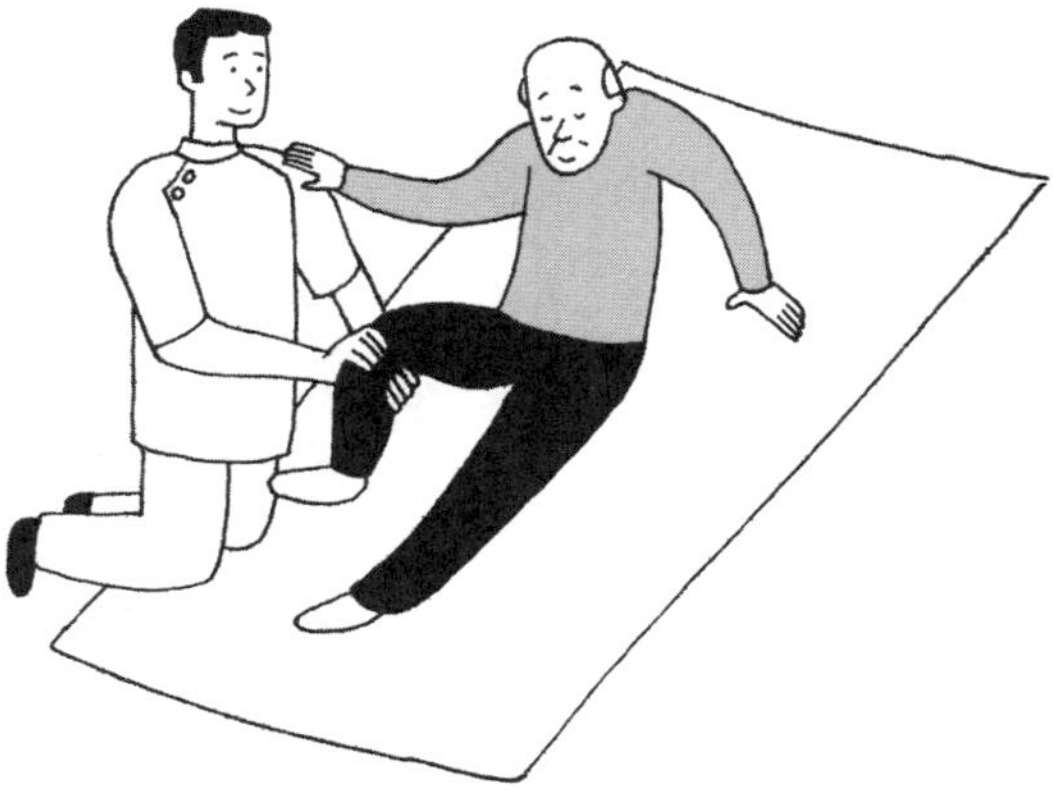

1　介護予防には二つのシステムがある

高齢者の誰もが、要介護状態にならないように日常生活の中で身体機能の維持・向上に心がけ、自立に向けた生活スタイルが普遍化されていくことに何ら異議を唱える者はいない。その意味で「介護予防」という理念及びシステムは、社会に定着されるべきであろう。

しかし、「介護予防」システムが本格的にスタートして二年が過ぎたが、現在、財政的要素ばかりが優先され、本来の目指すべき理念や目的の追求が希薄になっているのではないだろうか。

「要支援1」もしくは「要支援2」と判定されたら

改正された介護保険制度では、従来の認定区分が七段階から八段階へと変更された［図3－1］。そして、要支援1もしくは要支援2と判定されると、介護保険サービスを利用することはできるものの、基本的には「介護予防」という枠組みの中でのみサービスが提

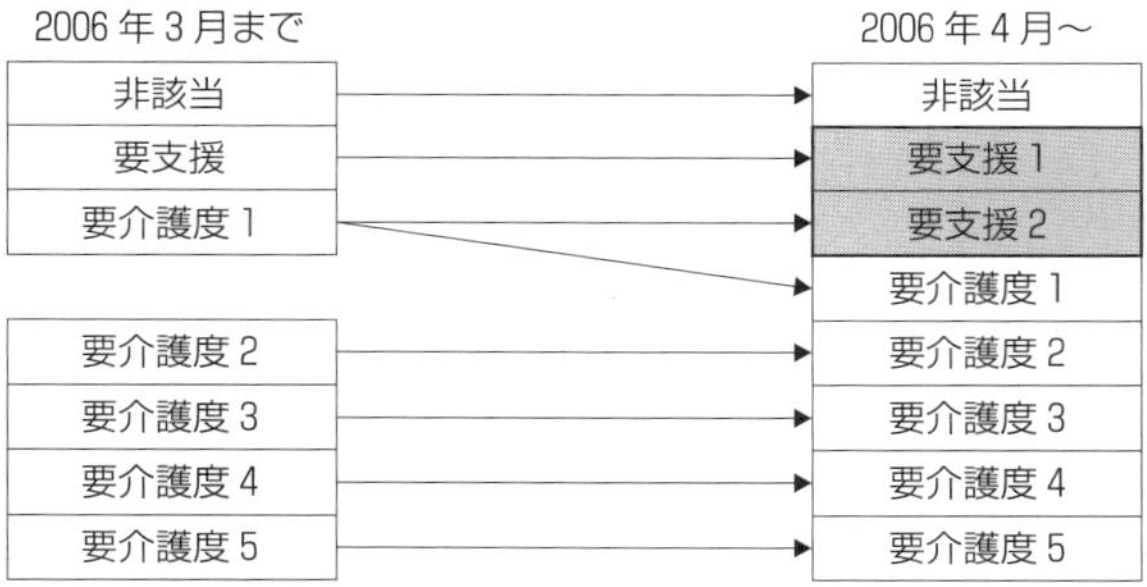

図3-1　要介護／支援状態の区分

供される。これら要支援１・２を対象とした介護保険サービスは、「新予防給付」と呼ばれている。「新」がつくのは、〇六年三月まで要支援を対象としたサービスを「予防給付」と名付けていたからだ。

具体的な「新予防給付」と要介護者に提供される「介護給付」（要介護度１〜５を対象）との違いは、「介護予防」という位置づけがあるか否かである。基本的に両者のサービス種類は、在宅系サービスにおいてはほぼ同じである［表３―１］。

しかし、介護予防の視点からのサービスの場合、「自立へ向けた支援」が前提となるため、ヘルパーサービスを利用する場合、本人が「〇〇〇できるようになりたい」といった目標を設定した上でサービスが提供される。たとえば、「独りで居間の掃除ができるようになりたい」といった目標を設定すれば、利用者がその時点で、でき

表3-1　主な在宅系介護保険サービス

新予防給付サービス(要支援1・2)
介護予防訪問介護(ヘルパーサービス)
〃　入浴
〃　看護
介護予防通所介護(デイサービス)
〃　リハビリテーション
介護予防短期入所生活介護(ショートステイ)
〃　療養介護(ショートステイ)
介護予防訪問リハビリテーション
介護予防居宅療養管理指導
〃　福祉用具貸与
特定介護予防福祉用具販売
介護予防住宅改修費支給
〃　特定施設入所者生活介護
介護給付サービス(要介護1〜5)
訪問介護(ヘルパーサービス)
〃　入浴
〃　看護
通所介護(デイサービス)
〃　リハビリテーション
短期入所生活介護(ショートステイ)
〃　療養介護(ショートステイ)
訪問リハビリテーション
居宅療養管理指導
福祉用具貸与
特定福祉用具販売
住宅改修費支給
特定施設入所者生活介護

る範囲内では自力で掃除をしてもらい、できない部分をヘルパーが支援していく。

また、「介護予防福祉用具貸与」に関しては、介護給付の「福祉用具貸与」に比べて保険が適用される福祉用具の種類が少ない。たとえば、特殊寝台と言われるレンタルベッドなどは、医師による特別な指示がないと利用できない。つまり、軽度者である利用者には特別な疾患の場合などを除いては、介護予防の視点からはレンタルベッドの必要性はないとされたのだ。これによってそれまで数年間レンタルベッドで生活していた高齢者でも、改正以降、保険が利かなくなり自費で利用せざるを得なくなり、経済的にその余裕がない人からはベッドが引き上げられてしまった。

一方、施設系サービスにおいては、要支援1・2と判定されると（保険内で）利用できるサービスの種類が減る。たとえば、特別養護老人ホーム（特養）や老人保健施設（老健施設）などへの入所は不可能となる。

「特定高齢者」と判定されたら

介護予防サービスには、要支援1・2を対象とした「新予防給付」とは別に、要介護認定調査によって非該当と判断された、もしくは介護保険認定未申請者の中で「特定高齢者」と判定された人々を対象としたものもある。つまり、要支援1・2ほど状態は悪くないが、「虚弱高齢者」として介護予防の必要性があると判断された人を対象としたサービスである。この介護予防サービスは「特定高齢者の介護予防サービス」と呼ばれる。

特定高齢者の実態を把握する事業は、二〇〇六年改正介護保険制度の実施によって創設され、要介護／支援状態になる可能性のある高齢者を早期に発見することを目的としてい

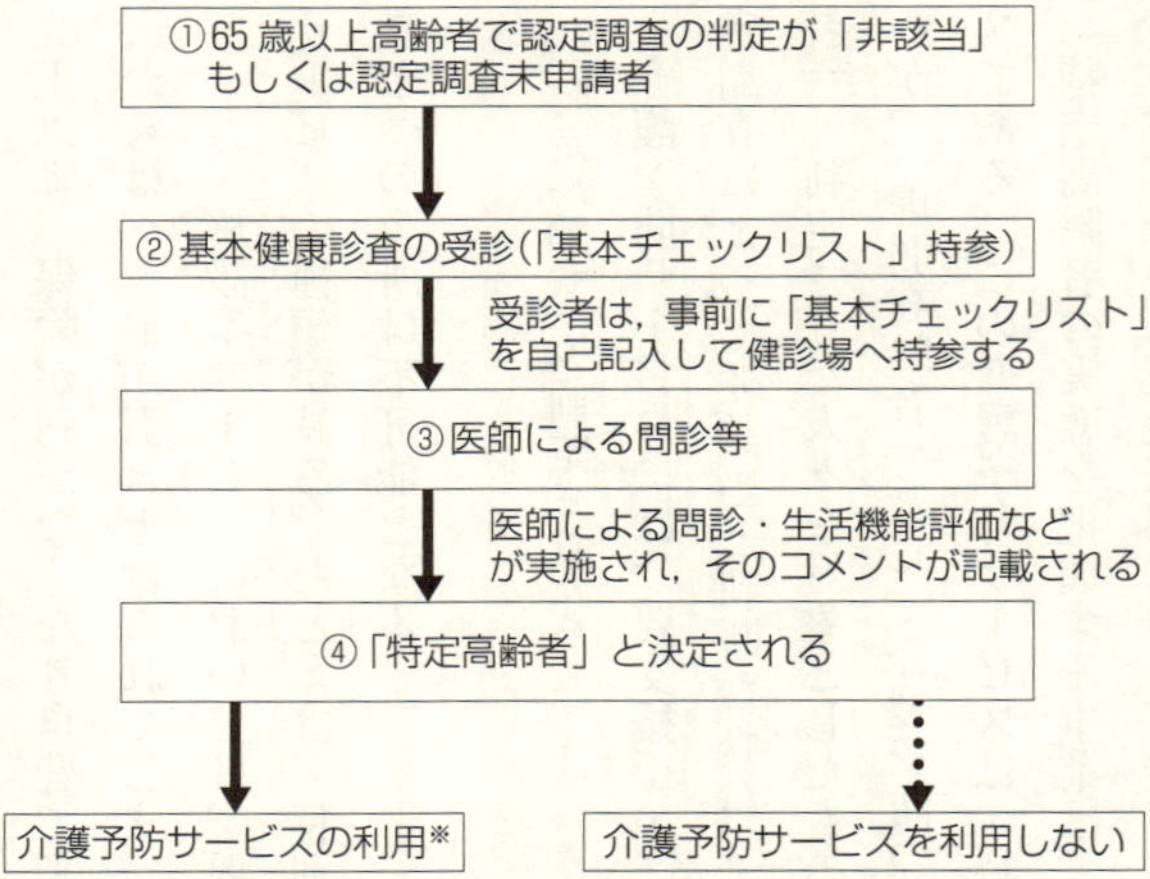
①65歳以上高齢者で認定調査の判定が「非該当」
もしくは認定調査未申請者
②基本健康診査の受診(「基本チェックリスト」持参)
受診者は，事前に「基本チェックリスト」
を自己記入して健診場へ持参する
③医師による問診等
医師による問診・生活機能評価など
が実施され，そのコメントが記載される
④「特定高齢者」と決定される
介護予防サービスの利用※
介護予防サービスを利用しない

※地域包括支援センターで本人の意向をもとにケアプランを作成

図 3-2　特定高齢者の介護予防サービスの概略図

る。六五歳以上を対象とした自治体等による「基本健康診査」、〇八年度からは「特定健康診査」の結果と、高齢者自らが記入した問診票(「基本チェックリスト」)をもとに、特定高齢者(虚弱高齢者)か否かが判定される[図3−2]。その判定機関は各自治体であるが、5節で述べる「地域包括支援センター」という施設へ委託することもできる。

特定高齢者を対象とした、主な介護予防サービスには、運動機能向上プログラムとして「ストレッチ体操」「転倒予防教室」「バランストレーニング」「筋力向上トレーニング」「機能的トレーニング」「リラクゼーション」などがある。また、栄養改善プログラムとして、「栄養相談教室」「健康調理教室」「訪問型栄養相談」などもある。主に市区町村保健センターや公民館等で実施され、サービス提供期間は三〜六か月間程度となっている。

これらの介護予防サービスは、「新予防給付」に基づく介護予防サービスとは位置づけが異なり、原則、要支援1もしくは要支援2と判定されると利用できなくなる。

2　実際に利用してみると

突然の入院

二〇〇七年六月一二日、筆者は、要支援2と判定され、現在「新予防給付」に基づく介護予防サービスを利用している田中恵子氏（仮名）にインタビューを行った。

氏は、二〇〇五年一二月に脳梗塞で倒れ入院した。それまで趣味などを楽しみながら日常生活にはまったく問題なく過ごしていたが急に発病したという。治療後、右半身麻痺となりリハビリの結果、何とか杖歩行が可能になるまでに回復した。しかし、依然、右上半身は不自由であり、歩行に関して転倒の危険性がある。もう少しリハビリを継続して、外出の機会を増やしていきたいと望んでいる。

突然の入院であったが、在宅生活復帰に向け転院を繰り返しながら治療・リハビリに専念した。入院当初、医療ソーシャルワーカーの勧めで介護保険の認定申請を行い、要介護度2と判定された。そして、翌年の五月末、退院前に再度、認定調査を受け要支援2と判定され在宅生活を始めることになった。

氏は、入院当初に比べれば、体調も少し良くなったので要介護度1になるかもしれないと感じていたが、まさか介護予防の対象である要支援2になるとは思っていなかった。まだ屋内での杖歩行が可能になったばかりで、右上肢も不自由の身でありながら、介護予防に取り組む気持ちにはなれなかったそうである。

制限される介護予防のヘルパーサービス

ヘルパーサービスを利用しなければ独り暮らしを維持できないため、氏は週三回の援助を依頼している。しかし、一回の派遣時間が九〇分であるため、せいぜい「食事を一緒に作る」「掃除を一緒にする」「買物に行ってもらう」といった程度で、自分で食材を選ぶための買物にヘルパーが同行することはない。「もう少し、一回のヘルパー派遣がせめて一二〇分程度であれば、買い物に同行してもらい荷物を持ってもらえる。そうすれば、外出することが可能となり、リハビリ代わりになるのに」と氏は寂しそうに話してくれた。そのため、買い物や自炊の練習をするために、時々、有償ボランティアを頼んでおり、一回一五〇〇〜二〇〇〇円程度の経費がかかるそうだ。

そもそも、氏は要支援2であることから、最大限、利用できる保険内サービス量(費用)は一か月合計一〇万円強までである[表3—2]。しかし、介護保険の値段表である介護報酬によれば、週三回程度のヘルパーサービスしか活用できない(その費用は一か月約四万円弱、本人負担は一割の四〇〇〇円弱)。

もし、さらに保険内サービスを使うとすれば、残りはデイサービスになる。つまり、制度上、「新予防給付」における介護予防サービスは、すでに種類ごとにサービス利用枠が決まってしまっているのだ。

表3-2　利用上限額（支給限度額）

(円)

非該当		0
要支援	1	4万9,700
〃	2	10万4,000
要介護度	1	16万5,800
〃	2	19万4,800
〃	3	26万7,500
〃	4	30万6,000
〃	5	35万8,300

氏は、デイサービスなどに通所する「リハビリ」よりも、在宅で日常生活に基づく「リハビリ」の方が大切だと考え、さらにヘルパーに支援してもらいたいと望んでいる。たとえば、買い物や掃除、食事作りなどである。介護予防やリハビリには、

個人それぞれの方法があるのに、利用者の選択権が尊重されていない、と氏は訴える。

3　不思議なシステム

デイサービス利用は週一回のみ?

「新予防給付」である介護予防サービスには、「デイサービス」というメニューがある。公式名は「介護予防通所介護」という。日中、高齢者が施設に週何回か通うことで、介護予防の視点で体操や趣味活動、食事、入浴といったサービスを利用でき、自宅近くまでバスによる送迎がある。通常のスポーツジムにあるような筋力向上用のトレーニングマシン(高齢者用)が用意されている施設もあり、身体機能維持・向上のプログラム・メニューを選択することも可能である。

しかし、二〇〇六年介護報酬改定で、要支援1と判定された人は、このデイサービスへ結果的に週一回しか通所できない。なぜなら、介護保険の値段表である介護報酬では、要支援1の人は「介護予防通所介護費(要支援1)」に該当し、一か月約二万二二六〇円の支給額となっているからだ。この金額では、事業所として週二回の利用を引き受ければ大幅な赤字となってしまう。また、要支援2の人は「介護予防通所介護費（要支援2）」に該当し、約四万三五三〇円の支給金額となり週二回の利用が上限となってしまう。

つまり、介護報酬の規定によって自ずと要支援1は週一回、要支援2は週二回と、デイサービス利用の回数が限られてしまうのだ。介護予防施策によっていわゆる閉じこもりの高齢者を減らし、社会参加を促進させようとしていながら、実質上デイサービスに通所できる回数は制限されている。たとえば、要介護度1と判定された高齢者が、週三回のデイサービスに通っていたとしよう。しかし、更新認定調査によって要支援2と判定されると、結果的にはデイサービスの利用が週二回に削減されてしまうことになる。

九〇歳以上になっても介護予防？

要支援1及び要支援2を対象とした新予防給付には年齢は関係ない。極端なことを言えば、一〇〇歳になっても要介護認定調査によって要支援2と判定されると、介護保険サービスを利用するには、介護予防の視点からサービスが展開されることになる。

二〇〇六年の夏、筆者は介護現場において、ある独り暮らしの女性に質問された。「私はもう九〇歳を過ぎて、四年前から介護保険を利用している。四月から制度が変わったらしく七月から要支援2となった。それまで、要介護度1であったが七月からケアマネジャーやヘルパーに、介護予防制度になったので、掃除や洗濯など自分でできることは、やってください！　できない部分のみ一緒にお手伝いをします、と説明された。あなたもケアマネジャーなので、聞いてみたのよ！　本当にそうなの？」という内容であった。

筆者が、そのケアマネジャーの言うとおりであると返答すると、その女性は「九〇歳過ぎて介護予防というのは、おかしいと思うわ！　なんとか自分で体を動かすように心がけ、九〇歳を過ぎても、自分のことは多少できている。でも、ヘルパーさんが掃除や洗濯を手伝ってくれるから、無理しないで自分のペースで生活できるのよ！　この歳になって「介護予防」というのは実感がわかない！　今までのように楽にさせてくれないの！」と訴えられた。

九〇歳を過ぎた高齢者に対して、介護予防の視点でアプローチを行っても、かえって精神的な負担を感じさせるのではないだろうか。

「ターミナルケア（終末期医療）でも介護予防？

末期癌患者が介護保険サービスを利用することもある。二〇〇七年六月一二日、筆者は北川文子氏(仮名)に末期癌患者にとっての介護保険サービスの現状についてインタビューを行った。氏は半年前に八九歳の父親を亡くしていた。癌と告知されて五か月あまり後のことであった。

二〇〇六年七月ごろ、氏の父親は、突然、腹部の痛みを訴え入院した。それまで物忘れなどは多少見られたが問題はなかった。急に体調を崩し大学病院で精密検査を行った後、肺や肝臓にも癌が転移していることが判明した。手術をしても治る見込みはないと医師から家族へ伝えられた。年齢も比較的高いため、進行が遅くここまで気づかなかったという。余命半年以内という診断であった。入院後、杖歩行程度までは可能になり痛みも少し落ち着いた。氏は、もう長くないため、在宅生活を考え始め、「ターミナルケア」も視野に入れ、要介護認定調査を受けた結果、要支援２という判定が下された。

同年一〇月に入り、在宅へ戻る準備を入院先の病院スタッフと、ケアマネジャーや自宅近くの診療所医師とで調整するようになった。そして、ヘルパーや訪問看護サービスを利用する際に、「介護予防」の視点で支援するということを氏は聞かされたという。要支援２と判定されているため、余命三か月といえども介護保険サービスを利用するには、介護予防の視点でケアプランを立てることになっているとのことであった。

結果的には退院する間際に容態が急変し、一二月にそのまま病院で亡くなり、介護保険サービスは利用せずに済んでしまった。

氏は、「もし、容態が急変せずに、しばらく在宅生活をしていれば、短い時間でも末期癌患者であっても「介護予防」の視点で介護保険サービスを利用することになったのよ」と、少し苦笑いしながら話してくれた。

「特定高齢者」が見つからない

二〇〇七年六月二五日、ある自治体の介護予防担当部署に勤める高田敬子氏(仮名、保健師)にインタビューを行った。氏は、自治体職員として主に「特定高齢者の介護予防サービス」の事業に携わっている。この自治体では、六五歳以上人口が約三万人おり、そのうち二〇〇六年度一年間で特定高齢者として判定された人は、その約一%、三〇〇人だったそうだ。そして、そのうち介護予防サービスの利用につながったのが、約一五〇人という結果であった。二〇〇七年度になって三か月が過ぎた二年目になっても、「特定高齢者を見つけることは難しい」とのことである。

氏は保健師として高齢者が集まる公民館や老人福祉センターへ出向き、介護予防に関する啓発事業を行っているが、その難しさを以下の四点にまとめてくれた。

第一に、自治体が行っている「基本健康診査」は、年間で六か月間しか診査日が開催されておらず、特定高齢者を把握するための入り口が通年ではない。

第二に、各医師によって介護予防への認識にバラつきがあり、患者が「基本健康診査」で受診しても、医師が介護予防の重要性をあまり意識せず、その必要はないと書類に記入してしまう。

第三に、「基本チェックリスト」と呼ばれる利用者自らが記入する問診票が、それぞれの決まった項目で、規定されたポイントにならないと特定高齢者に当てはまらない［図３－３］。

第四に、「特定高齢者の介護予防サービス」をコーディネートする地域包括支援センターが、すべて民間に委託されているため、事業所ごとの職員離職率が高く、安定したケアができていない。

新制度導入にあたって厚労省は六五歳以上人口の五％程度を特定高齢者と見込んで目標を設定し、「特定高齢者の介護予防サービス」が展開されることを計画していた。しかし、実際、制度がスタートしてみると、目標数値に近づく目途がまったく立っていない。厚労

No.	質問項目	回答 (いずれかに○を お付け下さい)	
1	バスや電車で1人で外出していますか	0. はい	1. いいえ
2	日用品の買物をしていますか	0. はい	1. いいえ
3	預貯金の出し入れをしていますか	0. はい	1. いいえ
4	友人の家を訪ねていますか	0. はい	1. いいえ
5	家族や友人の相談にのっていますか	0. はい	1. いいえ
6	階段を手すりや壁をつたわらずに昇っていますか	0. はい	1. いいえ
7	椅子に座った状態から何もつかまらずに立ち上がっていますか	0. はい	1. いいえ
8	15分位続けて歩いていますか	0. はい	1. いいえ
9	この1年間に転んだことがありますか	1. はい	0. いいえ
10	転倒に対する不安は大きいですか	1. はい	0. いいえ
11	6ヵ月間で2〜3kg以上の体重減少がありましたか	1. はい	0. いいえ
12	身長　　cm　　体重　　kg(BMI=　　)(注)		
13	半年前に比べて固いものが食べにくくなりましたか	1. はい	0. いいえ
14	お茶や汁物等でむせることがありますか	1. はい	0. いいえ
15	口の渇きが気になりますか	1. はい	0. いいえ
16	週に1回以上は外出していますか	0. はい	1. いいえ
17	昨年と比べて外出の回数が減っていますか	1. はい	0. いいえ
18	周りの人から「いつも同じ事を聞く」などの物忘れがあると言われますか	1. はい	0. いいえ
19	自分で電話番号を調べて，電話をかけることをしていますか	0. はい	1. いいえ
20	今日が何月何日かわからない時がありますか	1. はい	0. いいえ
21	(ここ2週間)毎日の生活に充実感がない	1. はい	0. いいえ
22	(ここ2週間)これまで楽しんでやれていたことが楽しめなくなった	1. はい	0. いいえ
23	(ここ2週間)以前は楽にできていたことが今ではおっくうに感じられる	1. はい	0. いいえ
24	(ここ2週間)自分が役に立つ人間だと思えない	1. はい	0. いいえ
25	(ここ2週間)わけもなく疲れたような感じがする	1. はい	0. いいえ

(注)BMI=体重(kg)÷身長(m)÷身長(m)が18.5未満の場合に該当とする
＊「基本チェックリスト」は，受診者に必要書類と一緒に送付され，事前に記入して健診当日に会場へ持参する

図3-3　基本チェックリスト

省老健局の資料に基づけば、二〇〇六年度において特定高齢者発生者数は、六五歳以上人口比〇・五八%に過ぎない[表3―3]。制度施行一年間とはいえ、あまりにも目標数値を下回っている。

そのため、全国的にも〝介護保険財政がベースとなっている〟「ストレッチ体操」「転倒予防教室」などといった介護予防教室(サービス・メニュー)に定員割れが目立ち、結果的には保険財政の無駄遣い状態を招いている(『朝日新聞』二〇〇六年一〇月二九日付)。自治体保健師は、日々、特定高齢者を見つけることに苦慮しているようだ。

表3-3　2006年度介護予防事業状況

65歳以上人口	約2,680万人
特定高齢者年間発生者数	約15.7万人(0.58%)
介護予防事業年間終了者数	約3.1万人(0.11%)
介護予防改善者数	約1.6万人
悪　化　数	約0.6万人

＊(　)は，対65歳以上人口比
出所：厚労省老健局『平成18年度介護予防事業報告』介護予防継続的評価分析等検討会より作成，2008年3月31日

今回、介護予防事業(特定高齢者対象)に参加した人たちで、事業の年間終了者数は六五歳以上人口比〇・一一%という極めて低い結果であった。そして、介護予防事業参加者三・一万人のうち約半数の一・六万人は改善があったものの、逆に悪化してしまった人も約〇・六万人いた[表3―3]。

もっとも、同じく厚労省老健局の資料によれば、介護

予防事業（特定高齢者対象）及び新予防給付（要支援１・２対象）の介護予防サービス分析では、〇六年介護予防サービスの導入によって、状態が維持もしくは改善された人たちの割合が増えたとの分析結果も公表されている（厚生労働省老健局「介護予防サービスの効果分析の結果について（概要）」介護予防継続的評価分析等検討会から作成、二〇〇八年三月三一日）。

しかし、財政的視点も含めて、介護予防事業（特定高齢者）の実態等から判断して、介護予防システム全体の評価は低いと言わざるをえない。

該当者を増やす試み——千葉市の状況

二〇〇八年一月二五日、筆者は千葉市市役所高齢者福祉課課長の土屋稔氏に特定高齢者把握事業について話を伺った。二〇〇六年度、千葉市内で特定高齢者で介護予防事業に参加し、ケアプラン作成にまでいたった人数は約八〇名だったという。三年目を迎える二〇〇八年四月からは、特定高齢者の把握人数を向上させ、介護予防事業への参加人数を増やすため、地域福祉の要となる民生委員と協力しつつターゲット層を絞り込んでいくそうだ。

千葉市内に六五歳以上高齢者は約一六万八〇〇〇人居住しており、そのうち約二万三〇〇〇人は要介護／支援者で対象外となる。残り約一四万五〇〇〇人の中には、元気な高齢者が多くいることから、毎年、民生委員が行っている健康度調査を活用し、身体機能の低下が見られる人に、「基本チェックリスト」などを手渡して年一回の健診を受診するよう促し、より多くの特定高齢者の把握に努めたいとのことであった。

4　専門家に聞く

「老年症候群」——大渕修一氏の指摘

二〇〇七年六月二六日、筆者は東京都老人総合研究所介護予防緊急対策室長の大渕修一氏に、「介護予防」の理論的位置づけについて話を伺った。大渕氏は理学療法士(医学博士)で、北里大学医療系大学院助教授を経て、現在の仕事に従事している。厚労省老健局介護予防継続的評価分析等検討会の審議委員をも務めており、日本の介護予防研究における第一人者である。

開始から一年あまりが過ぎた介護予防の現状についてコメントを求めると、「システムがスタートし始めたばかりであるため、軽度者や虚弱高齢者の力を充分に引き出すサービス形態にはなっていない。サービス提供の運営上の課題が強調され、「自立を引き出す」

新たなサービスといった理念が全体的に浸透していない」ということであった。

氏によれば、そもそも要介護状態になる原因は、「老年症候群」による面が大きいという。「老年症候群」とは、簡単に説明すると、加齢に伴い生活に不具合を生じさせてしまうことである。もっとも、心身の活動の低下によるところも大きいそうである。いわば、年のせいといって体を動かさなくなると、そのまま身体機能が低下してしまい、徐々に衰えてしまうことを意味するそうだ。

多くの人は、この「老年症候群」に気づくことなく、徐々に衰えていく自分を自覚していないことに問題があるという。そのため介護予防のポイントは、本人自身が「気づく」ということである。それによって、足腰が弱っていても何かのプログラムに参加することで、新たな自分を開拓でき要介護状態になることを予防できるシステムが構築されるのだという。その本人の「気づき」を促す機会を設けていくことが、介護予防施策の基本であり真の介護予防サービスでもある、と氏は位置づける。

改正前の介護保険サービスは介護予防の対象者や目標が明確ではなく、サービスを単に「与える」といったイメージであった。現況の「介護予防サービス」は始まったばかりで、基本の理念が欠如しているものの、少しずつ本来の姿にしていくことが重要であると、氏は話してくれた。

「口腔ケア」と介護予防

「口腔ケア」という言葉を耳にしたことはないだろうか。簡単に説明すると、口の中の衛生状態を保つことで健康保持・増進につながり、たとえば肺炎、発熱の発症などを予防することができるという。高齢者になると「歯磨き」や「入れ歯の管理」を怠りがちになり、感染症を招きやすくなってしまう。特に、寝たきりの高齢者の場合などは顕著である。高齢者施設の調査で、口腔ケアを心がける高齢者とそうでない者を比べた場合、明らかに疾病にかかる確率が異なるという報告が歯科系学会などで報告されている。介護予防の視点でも「口腔ケア」は注目され、歯科衛生士による訪問指導や「口腔ケア」教室などが開催されている。

二〇〇七年六月一二日、筆者は東京・大手町の歯科診療所に勤務する安田登氏（歯科医師）に、口腔ケアと介護予防の関連について話を伺った。氏は歯学博士であり、長年、診療所などで歯科診療の業務に携わっている。氏によれば、これまでの歯科が治療対象としてきたものは、主に「虫歯」「歯周病」「入れ歯」であった。しかし、歯科診療所に来る人はおおよそ人口の四割程度だが、高齢になるにつれその割合は減り、七五歳以上の「後期高齢者」になるとかなり少なくなるという。ふつう内科といった診療所などでは、年齢が高くなるにつれ通院する人は多くなるが、歯科診療の場合は逆である。口の中を常時清潔に保つことは、高齢者の健康維持に重要であるが、そのことは充分に知られていない。

また、氏によれば、ここ一〇年、歯科診療所でも訪問診療をする歯科医が増え始めたという。簡単な器具を持ち運びしながら自宅で歯科診療を行うようになっているものだが、まだ主流とはなっていない。もう少し、医療器具などがコンパクトになれば歯科医師が自宅を訪問することが容易になり、高齢者の歯科診療の機会が増えていくだろうと、氏は解説する。

さらには、日本人は昔から歯科医院に行くのは、「痛くなってから」というイメージがあり、口の中を清潔に保つという意識が弱いので、若い世代からその認識を変えていかないと口腔ケアの促進は難しいのではないか、という。

最後に、歯科医師過剰時代を迎えている現在、口腔ケアといった介護予防の視点で歯科医師が積極的に取り組むか否かで、その職域の命運がかかっているとも語ってくれた。

5　「地域包括支援センター」とは

高齢者の総合相談窓口

「地域包括支援センター」という言葉を耳にしたことはないだろうか。二〇〇六年改正介護保険法の実施によって創設され、地域住民の「保健・医療の向上」「福祉や介護の増進」「高齢者虐待の早期発見」「地域のネットワーク作り」などを包括的に担っていくことが目的とされたものである。具体的には、「介護予防ケアマネジメント」「高齢者の総合相談窓口」「高齢者虐待の相談・調整機能」などを実施していく。その設置主体が自治体直営又は委託形態によるもの以外でも、市町村はその運営責任に関与しなければならず、極めて公的色彩が強い施設である。

特に、〇六年四月以降、それまでは民間のケアマネジャーが担当していたケアプラン作成事業の半分近くを、実質的に地域包括支援センターで担うこととなった。つまり、ケアプラン総数のうち、約半数近くが旧要支援もしくは旧要介護度1の高齢者であり、そのケアプラン作成を、地域包括支援センターが担当することになったのである。

もっとも、地域包括支援センターから委託業務として民間のケアマネジャーが、プラン作成を請け負う形態は残されている。いずれにしても軽度者のケアマネジメント(新予防給付のケアプラン作成)は、地域包括支援センターの寡占市場となった。

また、この施設では「新予防給付」のケアプラン作成に限らず、「特定高齢者の介護予防ケアプラン」をも作成しなければならないとされている。その数も一か所あたり年間一〇〇~三〇〇人に及ぶ。

事実上は〝ケアプラン作成センター〟

地域包括支援センターは基本的に人口二~三万人に一か所の割合で設置され、二〇〇七年四月末時点で全国に三八三一か所設置されている。一か所あたり三~四人の職員体制が基本となっているため、職員一人当たりのケース数はかなり多い。それらの一部を民間のケアマネジャーに委託できるにしても、ケアプラン作成(新予防給付ケアプラン)における収入が一件当たり毎月約四〇〇〇円と低いため、民間のケアマネジャーが積極的に引き受ける状況ではない。

新制度がスタートして半年が過ぎた二〇〇六年九月から一一月にかけて、筆者は地域包括支援センターの職員五二人(全国各地で勤務)を対象に調査を行った。その結果から、必ずしもケアプラン(新予防給付ケアプラン)を民間ケアマネジャーへ委託しやすい結果とはなっていないことが分かる[図3―4]。また、同時に七八人の民間のケアマネジャー(全国各地で勤務)を対象に調査を実施したが、その多くがケアプラン作成(新予防給付ケアプラン)の収入が低いという意識であり[図3―5]、委託を請け負うことには消極的であった

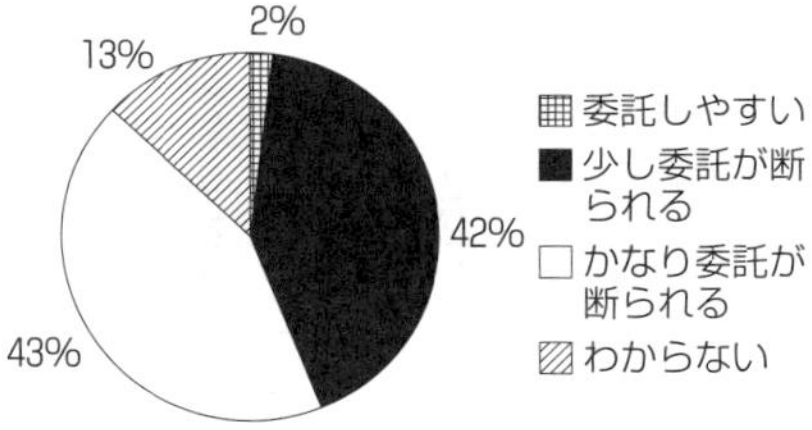

＊2006年9〜11月にかけて筆者が行った調査より作成(以下同)

図3-4　ケアプラン(新予防給付ケアプラン)の民間ケアマネジャーへの委託状況(n＝52人)

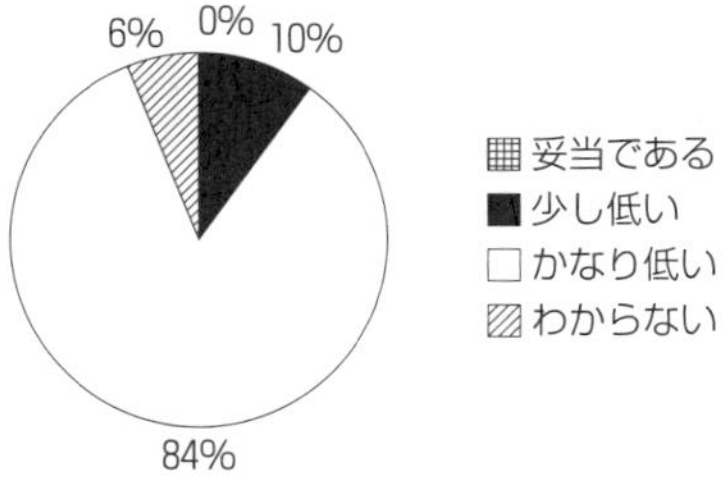

図3-5　ケアプラン作成(新予防給付ケアプラン)における収入について(n＝78人)

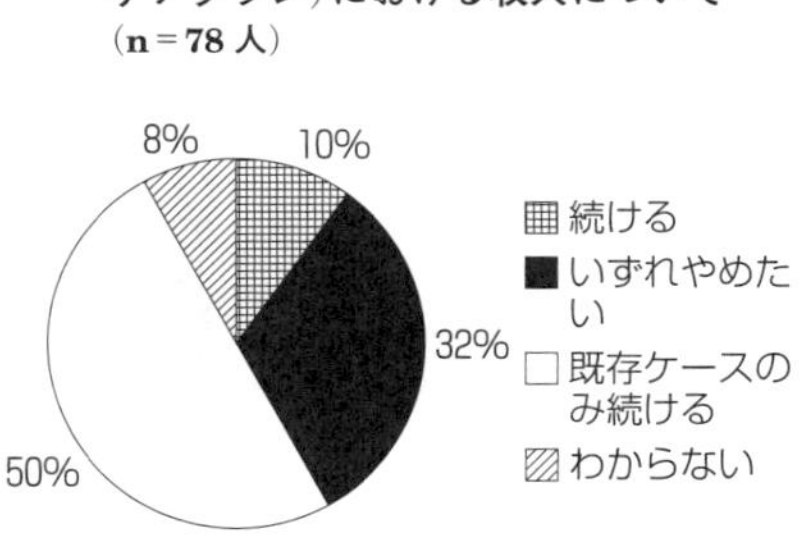

図3-6　今後のケアプラン(新予防給付ケアプラン)委託について(n＝78人)

［図3―6］。

このように要支援1及び要支援2を中心としたケアプラン（新予防給付ケアプラン）に、各地域包括支援センターの現場は、翻弄されている状況である（「予防でお達者4――地域包括支援センター」『毎日新聞』二〇〇七年三月四日付）。

苦情対応に追われる日々

要支援1もしくは2と判定された利用者は、新制度で介護保険サービスを利用する場合、旧制度と比べ利用しづらくなったことは否めない（「予防でお達者3――削られた生活支援」『毎日新聞』二〇〇七年三月三日付）。

たとえば、前節でも記載したように「ヘルパー派遣が約九〇分に短縮された」「レンタルベッドが借りられなくなった」「デイサービスに通う回数が減らされた」「ヘルパーやケアマネジャーから自立と頻繁に言われるようになった」などといったことが報告されている。

筆者が行った七八人を対象とした民間ケアマネジャー（全国各地で勤務）の調査報告の中で、利用者苦情で最も多い項目は、「福祉用具」五三％、次いで「通所介護系」二四％、

「訪問介護系」二二%となっている〔図3―7〕。なお、調査したケアマネジャーの自由意見として、「新制度について利用者へ説明しているが、自分でも矛盾していると感じている」「要支援1・2で、デイサービスを利用できる回数が違うのはおかしい」「福祉用具の問題では、要支援1・2でもベッドが必要な人はいる」「ケアプラン作成(新予防給付ケアプラン)の収入が約四〇〇〇円では、多くの民間ケアマネジャーは委託を引き受けない」などという内容が多かった。

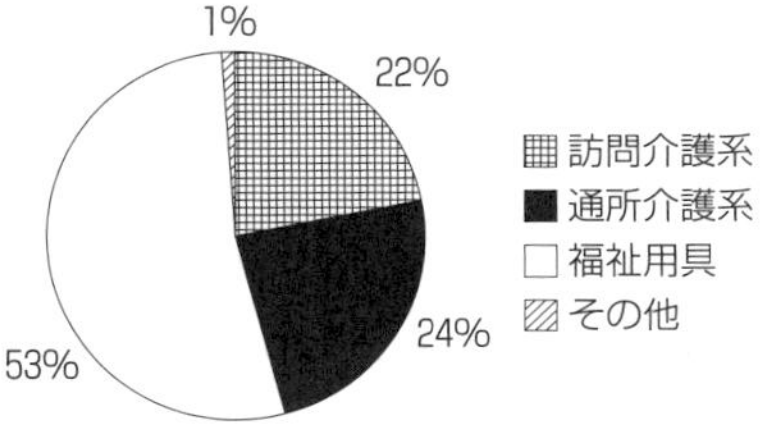

図3-7　利用者苦情で最も多いサービス項目(n = 78 人)

新制度移行期における利用者からの苦情は、地域包括支援センターや民間ケアマネジャーが一手に引き受けているようだ。実際、各高齢者宅を訪問してのサービスがどのように変わるかの説明は、現場の介護従事者に任されている。

繰り返しになるが、地域包括支援センターに期待されている業務には「介護予防ケアマネジメント」だけではなく、「高齢者の総合相談窓口」「高齢者虐待の相談・調整」「地域のネットワークづくり」といったものも含まれている。むしろ、地域包括支援センターの役割は、これらの機能のほうが重要なはずだ。

しかし、介護予防ケアマネジメントの仕事量が膨大となれば、このような業務はどうしても疎かになる。

東京以外の大都市では

二〇〇七年八月二八日、筆者は仙台市を訪れ、ある地域包括支援センターの職員二人から話を伺った。仙台市は人口約一〇〇万人を突破し、市内には四一か所の地域包括支援センターが設けられている。

「特定高齢者」について話を伺うと、二〇〇七年四月からその基準が緩和されたが、未だに該当者を見つけることに苦慮しているそうだ。前年に比べればやや改善はされているものの、介護予防教室を開講しても対象者が見つからず定員に満たない。ケアプラン作成(新予防給付ケアプラン)も、平均すると一職員が五〇ケース前後を担当しており、業務の中でかなりのウエイトを占めるという。しかも、民間のケアマネジャーはケアプラン作成(新予防給付ケアプラン)を請け負うことには消極的で、結局、地域包括支援センターでこれらを引き受ける傾向になりつつあるという。

また、民間ケアマネジャーからの相談で、「同居者家族がいる場合、生活援助(家事援助)サービスは保険適用されない」ことに関する問題が少なくないという。ここ数年、介護保険サービスの利用制限が目立ち、現場から困惑した相談が多く寄せられているという。

この地域の高齢者の生活状況は、冬になると雪はそれほど積もらないまでも路面が凍り、歩きづらくなってしまう。それにより閉じこもりがちになり、家の中でコタツに入る生活が日常的となってしまうそうだ。その意味では、介護予防の視点で冬でも外出する機会を設けていくことが大事な課題であるという。

小さな町での実態

同日の八月二八日、筆者は山形県白鷹町を訪れ、飯澤とよ氏(係長、保健師)、海老名まゆみ氏(保健師)、永沢照美氏(社会福祉士)の三人から話を伺った。白鷹町地域包括支援センターは町立で運営されており、町立病院と併設されている。白鷹町の人口は約一・六万人で高齢化率は約三〇%近くに及ぶ。町内全体の介護保険ケアプラン作成数(新予防給付ケアプランと要介護1〜5の通常ケアプランの総数)は、毎月五〇〇ケース前後であり、社会福祉協議会や社会福祉法人といったケアマネジャー事業所(居宅介護支援事業所)と一緒に業務を行っているという。

「特定高齢者」について話を伺うと、二〇〇六年度は該当者がほとんど見つからなかったが、二〇〇七年度になって基準も緩和され徐々に対象者が増えてきたらしい。小さな町であるため、地域包括支援センター職員も高齢者の把握をしており、対象者になりそうな人たちに働きかけ、基本健康診査を促しているという。介護予防教室もほぼ定員に達しているそうだ。

「新予防給付」のケアプラン作成に関しては、民間ケアマネジャーに委託を断られることはほとんどない。町職員と民間職員が同じ町内で介護の仕事に携わっている仲間としての意識を共有しており、協力して仕事をしていく傾向にあるようだ。町内にはヘルパーや看護師なども含めて数十人程度しか在宅介護の仕事に就いている者はなく(デイサービス、ショートステイ、施設系サービスであれば他にもいる)、お互いに顔と名前が一致して連携がしやすい。

地域のネットワーク化に関しても、自治会との協力で民生委員をはじめ地域包括支援センターとの連携によって、高齢者の見守り体制に努力しているという。いわば町全体が一種のコミュニティとなっている。

住民主導の「孤独死ゼロ作戦」

ここ数年、「孤独死」という問題が顕在化している。独り暮らし高齢者が増え続け、その人たちが急変によって自宅で亡くなって、一～三か月以上経った後に発見されるといったことが起きている。これらの対策としては、地域ぐるみの目配りが重要であり、地域のネットワーク化づくりの役割などが、地域包括支援センターには課せられている。

二〇〇七年八月七日、筆者は中沢卓実氏(常盤平団地自治会長)に「孤独死ゼロ作戦」の話を伺うため、千葉県松戸市常盤平団地を訪れた。「まつど孤独死予防センター」は同団地市民センター内にあり、松戸市常盤平団地自治会(団地自治会)と常盤平団地地区社会福祉協議会(団地社協)によって、二〇〇四年七月二四日、全国初の「孤独死情報センター」として設けられている。

常盤平団地が住民主導で「孤独死対策」に取り組み出したきっかけについて伺うと、二〇〇一年春、団地内で一人の「白骨死体」が発見されたという。死後三年が経過していたそうだ。家賃や水道といった公共料金はそのまま引き落とされていたが、預金が底をついて公団職員が家賃の督促に訪れたことで、ようやく発見された。また、二〇〇二年四月、コタツに入ったまま亡くなった別の男性が発見され、この男性の場合は、死後四か月が過ぎていた。発見時、カップラーメンの食べ残しやワンカップ酒などで、部屋中がちらかっており、コタツの電源も入ったままであった。このケースは隣の住民らからの「異臭がする」「ベランダの納戸にハエが何匹も止まっている」という訴えによって発見にいたった。

このような二つの衝撃的な出来事によって、氏を中心に団地自治会及び地区の社会福祉協議会が「孤独死対策」へ本格的に取り組み出した。「孤独死」の定義は未だ明確にされていないが、自殺とは異なり五〇歳代から七五歳以上の「後期高齢者」にいたるまで、「誰にも看取られないまま亡くなる人を「孤独死」」と考えられるかもしれない。しかも、松戸市では六四歳以下の「若年孤独死」も、かなり多くあるとのことであった。

このように独り暮らし高齢者の生活を支える場合、介護保険といった公的な仕組みだけではなく、「地域力」ともいえる住民同士の助け合いが重要な役割を果たしているのである。

6　介護予防の利用料は？

介護予防サービスは包括払い

これまで述べてきた「新予防給付」に基づく介護予防サービスの料金体系は、月単位による包括払いが主となっている〔表3―4〕。もっとも、「介護予防訪問看護」(訪問看護)、「介護予防短期入所生活介護」(ショートステイ)、「介護予防訪問入浴介護」といったサービスは、一回もしくは一日ごとに料金設定がなされている(訪問看護はサービス時間も考慮)。

いずれにしても、ヘルパーサービスやデイサービスといった、高齢者が最も多く利用するサービスは「包括払い方式」となっている。このことで、前節に記載したように、サービス提供量が自ずと決まってしまう。サービス提供者側にとっては、一か月の料金体系が固定化されれば赤字幅を出してまでサービスを提供するにはいたらない。いくらケアマネジメントによって利用時間や利用回数を増やすことを意図しても、赤字になってしまえばサービス提供者側はその必要性について納得できないだろう。

曖昧な料金体系

新しく包括払い方式が導入されたことで、利用者には料金体系がいっそう分かりづらくなったとされる。月単位による包括払いが導入された背景には、建前上、ケアプランをも

表 3-4　主な介護予防サービス(新予防給付サービス)の料金

サービスの種類		料金総額
介護予防訪問介護(ヘルパーサービス)	介護予防訪問介護費 I(週 1 回程度の利用)	約 12,340 円/月
	〃 II(週 2 回程度の利用)	約 24,680 円/月
	〃 III(II を超える利用)(要支援 2 のみ対象)	約 40,100 円/月
介護予防通所介護(デイサービス)	介護予防通所介護費(要支援 1)	約 22,260 円/月
	〃 (要支援 2)	約 43,530 円/月
介護予防通所リハビリテーション(リハビリテーション)	介護予防通所リハ費(要支援 1)	約 24,960 円/月
	〃 (要支援 2)	約 48,800 円/月
介護予防訪問看護(指定訪問看護ステーション)	介護予防訪問看護費(30 分未満)	約 4,250 円/回
	〃 (30 分以上～60 分未満)	約 8,300 円/回
	〃 (60 分以上～90 分未満)	約 11,980 円/回
介護予防短期入所生活介護(ショートステイ)	併設型介護予防短期入所生活介護費(4 人部屋：要支援 1)	約 5,000 円/日
	〃 〃 (4 人部屋：要支援 2)	約 6,190 円/日
介護予防訪問リハビリテーション(リハビリテーション)	介護予防訪問リハ費	約 5,000 円/日
介護予防訪問入浴介護	介護予防訪問入浴介護費	約 8,540 円/回

＊2006 年介護報酬改定に基づく料金
＊原則，利用者の自己負担は 1 割のみ
＊ショートステイ・デイサービスでは，食費等は別途負担
出所：『介護報酬早見表 2006 年 4 月版』医学通信社より作成

とに月毎の派遣回数及び時間などが検討され、個人のニーズに応じて、その内容にも弾力性を持たせるねらいがあったと考えられる。

たしかに、出来高払いともいえる回数や時間毎に料金を積み上げていく旧制度でのシステムでは、過剰なサービス提供につながりかねなかったことは否定できない。しかし、これら使い過ぎともいえるサービス提供は、実態としては少ないケースであったかもしれない。そもそも介護保険サービスの利用率は、限度額(保険が利く上限額)の五割前後で推移していたのである。

むしろ、包括払いになったことで経営至上主義が顕著となり、ヘルパー派遣一回九〇分以内といった暗黙のコンセンサスが介護現場に構築されてきてしまっている。ケアプラン作成の中味よりも事業所収支が優先され、ヘルパー派遣の時間単位が常識化された。従来よりも、さらに利用者ニーズとかけ離れた料金設定となってしまったと考えられる。

財政効果はあるのか

［表3－5］は、二〇〇五年、〇六年、〇七年の各五月時の「介護保険事業報告」における軽度者の要介護／支援認定者数を比べたものである。既述のように〇六年改正介護保険

制度の実施に伴い、軽度者のうち要支援1・2の人たちが介護予防サービスの対象者になったが、新制度が導入された初年度、軽度者の認定者数は減少している。しかも、一か月間における軽度者の在宅介護(支援・予防)サービス受給者数及びそれらの給付サービス額も減少している[表3—6、3—7]。

その意味では、新制度が導入されたことで、これまでのサービス利用量が軽度者を中心に減少していることは事実である。これは、今まで介護保険サービスが乱用されていたことが是正されたことによるのか、制度上サービスの利用制限につながったのか、どちらかであろう。筆者は、利用制限につながったことが大きいと考える。それによって、介護保険サービスを利用したいという者が減少し、軽度者の認定者数が減ったのではないか。

＊

二〇〇六年三月末までは介護予防事業は、主に税金(国庫負担・自治体財源)によって賄われ、「保健制度」の枠組みで実施されていた。しかし、〇六年以降、介護予防事業が介護保険制度の枠組みで運用されるようになり、それによって介護予防関連の予算(国庫負担など)は削られた。

しかし、社会保険である介護保険制度は「負担と給付」の仕組みがベースとなっており、

表 3-5　軽度者要介護／支援認定者数

（万人）

	要支援		要介護 1		合　計
2005 年 5 月報告	67.8		約 133.8		約 201.6
	要支援 1	要支援 2	経過的要介護	要介護 1	
2006 年 5 月報告	約 11.3	約 9.6	約 58.9	約 133.8	約 213.6
2007 年 5 月報告	約 52.9	約 53.6	約 3.4	約 85.8	約 195.7

出典：厚労省「介護保険事業報告各月暫定版」より作成（以下同）

表 3-6　軽度者の在宅介護（支援・予防）サービス受給者数

（万人）

	要支援		要介護 1		合　計
2005 年 5 月報告	約 43.6		約 96.7		140.3
2006 年 5 月報告	約 47		約 104		151
	要支援 1	要支援 2	経過的要介護	要介護 1	
2007 年 5 月報告	約 31.1	約 33.3	約 3.0	約 62.6	約 130

表 3-7　軽度者の在宅介護（支援・予防）サービス給付額

（億円）

	要支援		要介護 1		合　計
2005 年 5 月報告	約 165		約 691		約 856
2006 年 5 月報告	約 176		約 757		約 933
	要支援 1	要支援 2	経過的要介護	要介護 1	
2007 年 5 月報告	約 85	約 149	約 11	約 445	約 690 ＋ 約 71 （地域密着型サービス）

疾病や介護状態というリスクに対して「共助」システムで支えていく制度である。「社会保険は、一定の事故が発生したときに必要な給付(benefit)を受けることができるよう、あらかじめ拠出(contribution)をおこなっておく仕組みである」とも言われている(武川正吾『福祉社会——社会政策とその考え方』)。

つまり、社会保険は被保険者のリスクに対して機能していくもので、「介護予防」といったサービスが本格的に社会保険制度内で展開されると、「保険原理」に馴染まなくなる。基本的には「予防」を中心としたサービスは公費で賄われ、公的機関が主体となって実施されるのでなければ、その効果は期待できないと筆者は考える。

ただし、〇六年以降、介護予防システムが社会保険制度に導入されたことで、若干ではあるが、軽度者を中心に介護保険財政の軽減に「効果」があったことは事実であろう。

第四章　介護保険の原点は何か

1　コムスン問題を検証する

衝撃が走ったコムスンの不正

二〇〇七年六月八日あたりから連日にわたって各新聞社は、「コムスン問題」を大きく取り上げた。訪問介護事業所大手「コムスン」が介護報酬を不正請求し、一二都県で五億円にものぼったという(『読売新聞』二〇〇七年七月二二日付など)。報道によると同社は多数の不正請求と事業所運営における名義貸しなど、社会的に許されない経営を続けてきたようだが、報道のとおりとすれば、それらの不正は大きく二つに分けられる。

一つは、介護保険の事業運営を行うために都道府県から指定を受けなければならないのだが、その際に申請した内容が虚偽であったということである。本来、介護保険事業の運営を行う際には、一定の介護士スタッフを揃えなければならない。しかし、その人員の届出が偽りで別支店職員の名前を記載するなど重複させ、もしくは退職した人間をそのまま変更届けをせず、勤務実態がないまま事業運営を展開していたというものである。

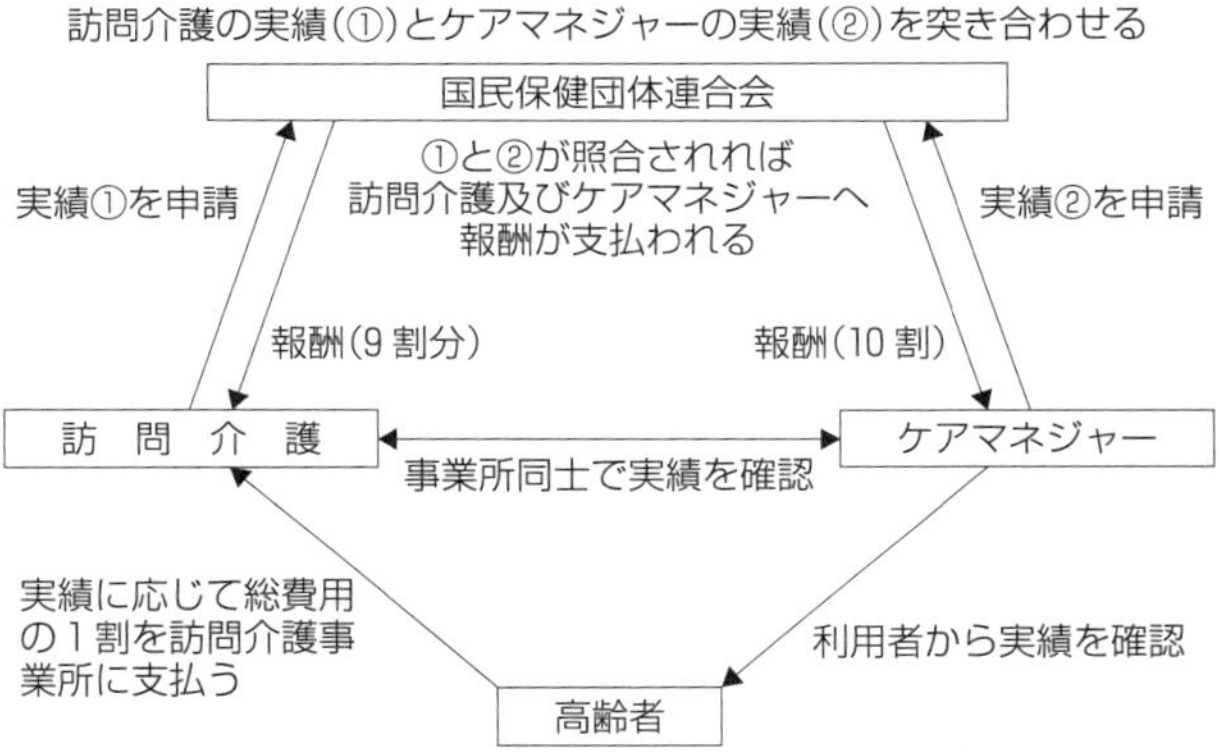
訪問介護の実績(①)とケアマネジャーの実績(②)を突き合わせる
国民保健団体連合会
①と②が照合されれば
訪問介護及びケアマネジャーへ
報酬が支払われる
実績①を申請
実績②を申請
報酬(9割分)
報酬(10割)
訪　問　介　護
ケアマネジャー
事業所同士で実績を確認
実績に応じて総費用の1割を訪問介護事業所に支払う
利用者から実績を確認
高齢者

＊高齢者はサービス総費用の1割を自己負担として支払う
＊ケアマネジャーに関する費用は自己負担がないので，国民保健団体連合会からケアマネジャーの事業所へ全額支払われる

図 4-1　介護報酬の概略図

もう一つは、介護報酬を不正に請求し受領していたことだ。要するに仕事をしていないのに、報酬を得る詐欺行為に近い。たとえば、ヘルパーが支援を行っていない、もしくは短い時間であっても長く仕事をしたことにして、水増しして介護報酬を得ていたのだ。ただし、このような不正にはケアマネジャーの側にも責任がある。しかも、ヘルパー事業所とケアマネジャーの事業所が同一であれば、［図4－1］から理解できるように、容易に実績を調整することができ、不正を犯しやすくなる。極端なことを言えば、ケアマネジャーがヘルパー事業所と調整しさえすれば、訪問介護事業所は利用者から一割負担分は受け取らず、少なく

とも九割分の報酬は得ることが可能なのである。さらに、コムスン訪問介護事業所の一部は、介護計画を立てずにサービスを展開していた点も指摘された。

ただし、ヘルパーサービスにおいて「生活援助サービス」を、より報酬の高い「身体介護」と偽って不正請求していた事実の評価は微妙である。たしかに、不正請求ともいえるが、場合によっては不正とは限らない。実は、「生活援助サービス」と「身体介護サービス」の区分けは微妙で、両者を組み合わせるサービス体系もある。個人の状況や支援の内容によって、「生活援助」か「身体介護」かの区別をつけることは難しい。まして、厚労省の通達も抽象的で、自治体によって判断が分かれる。極端なことを言えば、自治体の担当職員ごとにニュアンスが異なることもある。

筆者も、ケアマネジャー業務に従事している中で、コムスン事業所とやり取りを行うことは度々あった。あるコムスン事業所へ電話をしても「留守電」ばかりで、なかなか担当者と連絡がつかず、必要書類を依頼しても一〜二か月遅れたことも少なくない。また、担当ヘルパーが、一か月毎に変わり数か月もの間メンバーが固定化されず利用者から苦情が寄せられたこともあった。しかし、同様のことは他の事業所でも少なからずあり、コムスン事業者の従業員で熱心にケアを行い、時には筆者の足りない点を補ってくれたヘルパーらも多くいた。会社全体の体質という点は無視できないが、最終的には援助者個人の資質が重要となる。

介護現場への影響

コムスンの介護事業所は全国で約二〇〇〇か所にのぼり、利用していた在宅高齢者は六万人以上であった。しかも、そこで業務に取り組んでいる従業員は、常勤及び非常勤を含め約二万四〇〇〇人であった。

北海道の利尻富士町には、コムスン以外の在宅介護系事業所はなく、事件後、介護の受け皿問題が深刻化した（『朝日新聞』二〇〇七年八月一日付）。他の地域でも「介護難民」が続出する懸念が生じ、厚労省や自治体も対応に追われた（厚生労働省老健局「全国介護保険事業者指定指導監督担当者会議」二〇〇七年六月一二日）。また、コムスンが経営する有料老人ホームも多数あり、他の事業所が買収に名乗り出たものの、入居金を何千万円と支払って居住している高齢者にとって不安は募るばかりであった。

コムスンは、在宅系サービス事業を四七都道府県に分割して売却し、施設系サービス事業は一括売却するという事業移行計画を厚労省へ提出した（『毎日新聞』二〇〇七年八月一日付)。事件をきっかけに世論や多くの高齢者は、コムスン以外の事業所も不正行為を行っているのではないかと疑念を抱いたに違いない。

コムスン介護事業所の実態――コムスン職員に聞く

コムスンの不正は犯罪行為で許しがたい。しかも、利潤追求主義に陥ったことは倫理的にも認められない。いかに経営的・環境的に苦しくとも、多くの事業所は決められたルールの中で、献身的に事業を展開しているのである。

筆者は二〇〇七年八月九日、コムスン訪問介護事業所で介護士業務(管理者)として従事している高畑寛氏(仮名)に話を伺った。筆者が以前、ケアマネジャーとして、ある高齢者の担当をしていたとき、氏に訪問介護サービスを依頼し、ケアプランの担当にコムスン事業所を組み入れた経緯がある。

コムスン社内での「ノルマ」について伺うと、売上げというよりは顧客数を増やすことが重要視されていたという。ただ、知り合いの支店長が顧客数を増やし、事業所の売上げを前年比二五〇万円(一・五倍)も伸ばしたにもかかわらず、昇給は月給で数千円程度だったとのことで、マスコミで報道されているほど、業績が上がったからといって即給与増に直結するわけではなかったようだ。

コムスンの給与体系は、現場で働く常勤ヘルパーの年収が約二八〇万円前後で、管理者になると約三三〇万円前後であるという(高畑氏)。しかも、ほとんど昇給はなく何年働いても同じである。他のヘルパー事業所でも同様で、コムスンだから業績に応じて給与が上がるかといえばそんなことはなく、少なくとも現場では違っていた。

今回、ヘルパー事業所が主体となった不正請求問題が指摘されているが、数ある中の少数の支店が不正を行っていたに過ぎず、氏の周りの事業所は真面目に業務を行っていたという。しかも、介護関係の「通達」「通知」「運営基準」が日々変わり、それを遵守しようと事務作業に追われる日々であったと話してくれた。

不正の取締まり

「コムスン問題」をきっかけに、厚労省は二〇〇七年七～一二月にかけて有識者によって事業運営の適正化について議論した(『介護事業運営の適正化に関する有識者会議報告書』二〇〇七年一二月三日)。そして、二〇〇八年三月五日、同省は介護事業運営の適正化と事業者規制強化のための「改正介護保険法案」(介護保険法及び老人福祉法の一部を改正する法律案）を衆議院へ提出した。

そもそもこの問題は、介護保険を中心とした制度や報酬といった、システム全体から考えていかなければならないと筆者は思う。つまり、「泥棒」を罰する、あるいは取り締まると同時に、「泥棒」が生まれない社会にするには、どうすべきかを考えるべきである。

今後、行政側も不正防止や介護給付費適正化をさらに強めていくであろう。参考までに、二〇〇〇年四月から二〇〇六年三月の六年間で、介護保険事業所の取消処分があったのは、約四〇〇か所以上にのぼる。その主な取消事由は、「架空、時間や回数の水増しによるサービス提供」「無資格者によるサービス提供」「人員基準違反」「虚偽による指定申請」などだ（厚生労働省老健局「全国介護保険指導監査担当課長会議資料」二〇〇六年八月一〜二日）。

現在の事業者規制や監査体制の強化自体は間違いではない。しかし、数少ない「泥棒」を摘発するために大勢の善良な人たちに負担を強いており、結果として献身的に働いている介護従事者が辛い思いをしている。その点がこの議論をする際には希薄になっている。

つまり、行政による実地指導や指導監査等が強化されることで、事業所が委縮してしまう懸念がある。日々、行政側の対応に怯えてしまい、書類や文書を整えることに専念し、本来業務のケアに割くエネルギーが削がれてしまう。介護従事者は強化される行政指導等によってストレスを感じ、中には精神的に追い詰められる人も少なくない。

行政側の実地指導や指導監査は、基本的に文書によるチェックが主となる。行政担当者によっては、画一的に文書ミスを指摘するのみで、何らケース内容に触れない人もいる。たとえば、「文書の利用者同意印が抜けている」「日付が違っている」「ケアマネジャーが月一度の訪問をしていない」「ヘルパー利用が多すぎる」といったように、利用者に重きを置くことなく書類のみで判断する。

しかし、利用者によっては「認知症が進み書類に印またはサインをしてもらえない」「精神疾患がある家族が同居していて訪問を許してもらえない」「認知症がひどく、どうしてもヘルパー派遣の回数が多くなる」といったように、いたしかたない事由もある。にもかかわらず、それらの個別事情は認められず一律に指導の対象となる。そのような場合、専門職としてプライドを持っている介護従事者は、「書類だけ整っていれば指導監査はパスするのか?」と疑問に思いつつも、次の実地指導や指導監査等に向けて、より事務作業に励むのである。

2 法令遵守《コンプライアンス》の実態

「特養ホームくすのきの郷」問題の概略

二〇〇七年六月、介護業界では東京都文京区立「特養ホームくすのきの郷」のケースに関心が寄せられた。偶然にも「コムスン問題」が明るみになったのと同時期のことである。社会福祉法人同胞互助会が、区から指定管理者という形態で施設事業を受託運営していた。そこで、フィリピン人女性を不正雇用し夜間の介護業務に従事させていた事実が発覚(『朝日新聞』二〇〇七年五月二四日付朝刊)。東京都は〇七年六月一八日付で、事業所設置者の文京区に対して事業所取消処分を行った(東京都福祉保健局「文京区立特別養護老人ホーム「くすのきの郷」に係る指定取消処分等について」)。

東京都福祉保健局の文書によれば、同施設では、夜間の介護人員が満たされない場合、介護報酬の請求は満額から三%減らさねばならないが、実際にはフィリピン人女性を雇用し、書類上日本人介護士が勤務しているかのように装って一〇〇%請求をしていたという。約五年間でその額は約四六〇〇万円にのぼった。この不正が発覚したことで、文京区長をはじめ区役所幹部たちは、管理者責任及び監督不行き届を理由に、月給一〇%カットの自主返納もしくは減給処分となった。

そして、「特養ホームくすのきの郷」は指定事業所として取消処分となり、新たな事業所へ施設運営を移管しなければならなくなった。しかも、介護保険法によって一事業所が取消処分となれば、同設置者が事業展開している他の事業所も指定事業所としての更新ができなくなってしまう。つまり、「連座制」の適用で、区立の施設系介護サービスは退場させられることになった。

家族会の声

二〇〇七年八月九日、筆者は「特養ホームくすのきの郷」家族会の方々に話を伺う機会を得た。

家族会の人たちによれば、「行政は何かと、「コンプライアンス」を錦の御旗のごとく振り回し、それによって「質」の高い介護へ向かう、と言う。にもかかわらず、事業所の指導とか、具体的には何も行わないのは、家族側からすれば、不満でならない」とのことであった。つまり、家族会の意見としては、これまで社会福祉法人同胞互助会によって質の高いケアが担保され、身内を安心して施設へ預けることができていた。柏木洋子施設長をはじめスタッフの方々には感謝しており、今後も同会に施設を運営してもらいたい。〇七年一一月をもって別の法人へ施設業務が移行されることになって、皆、たいへん不安を抱いている。

しかも、都側は、「くすのきの郷」は不正請求や人員などの虚偽報告といったことで、コムスンと同質であり、取消処分は妥当という姿勢を一切崩さない。文京区も設置主体自身の責任は明確にせず、都側の指導をそのまま受け入れ、家族会の意向を汲み取ってくれない、という。たしかに、不正は問題であるが、フィリピン人たちの介護に取り組む姿勢は熱心で、高齢者もたいへん満足していた。不正と言われても、コムスン問題とは違って結果的には質の高いサービスを受けていたことに変わりない。施設側にもまったく悪意はなく、介護士の公募をしてもなかなか応募がなく、中途退職者の空きを埋めるのに精一杯の状態であった、ということだった。

フィリピン人介護士と不正請求——柏木洋子元施設長に聞く

家族会へのインタビューと同日、筆者は元施設長の柏木洋子氏に話を伺うことができた。

柏木氏は二〇〇〇年の介護保険の創設時前から同施設の施設長に就任しており、一貫して「ケアへのこだわり」に努めていたそうだ。

フィリピン人介護士を施設で受け入れるようになったきっかけは、あるＮＰＯ団体から依頼を受けて始まったボランティア活動の一環であったという。元々あった日本の「青年海外協力隊」の逆バージョンとして、「フィリピン版青年海外協力隊」（仮称）という考え方が施設に持ち込まれて始まったという。受け入れたフィリピン人介護士は、母国で看護師や助産師又はＰＴ（理学療法士）等の資格を有しており、施設側が求めていた「介護へのこだわり」に充分あてはまる人材であったそうだ。そして、人員不足であった介護士の代わりに、これらのフィリピン人たちを夜間人員の一部に組み込んだ。その間、充分な夜勤の人員を採用する努力も絶え間なく続けていたという。

しかし、彼女らに勝る人材を確保することは難しく、他の職員たちや利用者たちも彼女たちの熱心さと誠意を高く評価していた。元施設長は、「このように説明すると、反省心がないと解釈されてしまい、しかも、ＮＰＯ団体が悪く評価されてしまうので申し訳ない」、という話であった。

介護士が集まらない

柏木氏のインタビューの中で印象的だったことは、いくら介護士を公募しても集まらず、採用しても別の職員が辞めるといったように、どうしても充分な人員を確保できなかったということだ。適当な人材をとりあえず採用することも考えたそうだが、一定の技術及び人材でなければサービスの質は保てないと悩んだようである。

その間、都の監査や指導もあったそうだが、フィリピン人を日本人介護士と偽って夜間介護業務に携わらせていたことについては指摘されず、そのまま監査をパスしてしまっていた。しかも、日々、「介護報酬改定」「運営基準」「介護関連の通達」「人員規定の解釈」といった法令も目まぐるしく変わり、理解するのにも時間が費やされた。基準を満たすためには、入所者の定員を減らす、もしくはショートステイの利用者数を減らす、あるいは既存職員の夜間勤務を増やすことなども考えたが、それらはサービスの質の低下につながるので踏み切れなかったという。そして、夜間介護士の確保に目途はたたず人材難は続いたそうだ。

東京都や文京区は、おそらく日勤の人数を業務命令で夜勤に回せば、人員基準は満たせると解釈していたのであろう。しかし、柏木氏はここが今回の事件で最も重要なポイントであると主張する。つまり、日勤の人数を夜勤に回せば、それだけ日中のケアの水準が手薄となる。人員基準上は問題なくとも、日中の人数を削ることは、施設ケアにおいては大きなマイナスとなる。くすのきの郷では、まずは日中のケア水準を一定程度維持していくことを考えた。

しかし、理由はどうであれ約五年近くも不正請求を続けてきたことは許されることではない、と柏木氏は思い悩み、不正の事実を、まず設置者である区側へ自ら申し出て、これまでの不正受領額約四六〇〇万円を自主返納する決断にいたったそうだ。単に法令を遵守するのは簡単かもしれないが、制度やルールは利用者のためにあるもので、運用によっては、時として利用者のマイナスになることも忘れないでほしい、この葛藤に何年も悩まされてきた、と氏は結んだ。

「連座制」の是非

介護給付費は決して不正に扱われてはならず、法令遵守《コンプライアンス》は当然のことである。しかも、コムスン本社や他の会社も、それまで不正が発覚すると該当事業所をただちに閉鎖し、会社本体の処分は逃れるという「トカゲの尻尾切り」ともいえる対応をしてきていた。二〇

○六年改正介護保険制度の実施によって、「連座制」が導入され、一事業所の不正が発覚すると会社本体にまで及び、すべての事業所が新たに指定更新できなくなる仕組みとなった。事実上の退場処分である。「コムスン」「くすのきの郷」は、それらが適用されたケースである。

しかし、「連座制」によって一部の事業者（支店）が問題になると、同じ会社とはいえ真面目に業務を展開している他の事業所（他の支店）が、すべて業務を継続できなくなる。それによって、まったく関係のない利用者には大きなマイナスとなり、現場で働く介護従事者にも影響が及ぶ。特に、介護業界の深刻な人材不足が指摘されている中で、問題はより深刻化する。

一事業所が不正を行った場合、当然、その事業所は取消処分となるべきである。しかし、一律の「連座制」といった仕組みは、少し厳しすぎるのではないだろうか。現行法では、「改善命令」「改善勧告」「取消処分」という段階を踏むことになっている。しかし、「取消処分」の前に、もう一段階、「経営首脳陣の総入替え」「重い罰金刑を科す」など厳しい規定を設け、それでも改善されなければ、すべての事業所の更新を認めない「連座制」を適用するべきと考える。

今後の法令遵守の在り方

「法令遵守」と言われれば、それに基づいてしかるべき処分が下されてもいたしかたない。しかし、現在の介護現場の状況を考えれば、単純に法を犯した者が取り締まられているだけで、利用者やそこで働く介護従事者は取り残されているのではないだろうか。今後の介護現場における「法令遵守」を考える場合、筆者は以下のことが重要であると考える。

第一に、法令などのルールが、すべての事業所に周知され、介護従事者に容易に理解されることだ。「法令」「通達」「通知」「運営基準」などは、分かりづらい文章で目まぐるしく変わる。専門職である多くの介護従事者は法令文書を読み慣れておらず、完璧に理解するのは困難である。しかも、各行政担当者によって解釈が異なることもあり、遵守する側も困惑してしまう。現在、介護従事者は利用者に目を向けるよりも、行政を意識しがちになってはいないだろうか。

第二に、事業所の経済的保障がよりなされ、介護従事者に一定程度の賃金が確保されることである。多くの介護従事者は、事務文書を整えるのに残業手当もなく夜遅くまで仕事をしている。今後、待遇を良くしていかないと、介護業界から人材がますます流出してしまう。

第三に、指導監査側も介護現場に精通し、「文書主義」に偏った指導監査にならないことだ。場合によっては、指導監査側に現場経験者を加え、事務職と一体的な体制にしていくべきであろう。

議論のすり替えと批判されるかもしれないが、「道路特定財源」「社会保険庁のシステム維持管理費」「政治家の事務所費問題」「無駄な年金資金流用」(グリーンピアなど)等の監査・指導体制は、介護業界と比べてどうなのか、と疑問を禁じえないのは筆者だけであろうか?

3 サービスの質

利用者による苦情・不満

ヘルパーが高齢者を狙った犯行が相次いでいる(『日本経済新聞』二〇〇七年一月五日付夕刊)。訪問先の高齢者宅で現金を盗む、もしくはキャッシュカードで現金を引き出すなど窃盗犯罪が全国的に起きている。ほんの一握りであるが絶対に許せない犯罪である。

もっとも、犯罪とは言わないまでも介護従事者等に対する利用者側の苦情は、日々、絶えることはない。制度や介護保険料に関しての苦情であれば行政側の対応となるが、介護サービスそのものの苦情は、主に各都道府県の国民健康保険団体連合会で受け付けている。また、市区町村や都道府県にも苦情相談窓口が設けられており、東京都の介護サービス苦情件数は、二〇〇五年度約二七〇〇件近くにのぼる(『東京都における介護サービスの苦情相談白書 平成一七年版』)。介護サービスの種類別では、「訪問介護サービス」が三三・九%ともっとも高く、「ケアマネジャー業務」が二五・六%、「特養ホーム」七・八%、「老人保健施設」五・八%の順となっている。

主な苦情内容としては、「ヘルパーが高齢者のプライバシーの話を他人にしている」「ヘルパーの交代が激しくいつも違う人が来る」「ヘルパーが買い物時に私物の買物をついでにしている」「ケアマネジャーの説明が足りない」「ケアマネジャーが一方的にサービス事業所を変える」「ケアマネジャーが併設事業所の福祉用具貸与を勧める」「ケアマネジャーに緊急時に連絡がとれない」「ケアマネジャーはほとんど訪問しない」「ショートステイを利用した施設で、「アザ」ができて帰ってきた」「施設入所していたがベッドから転落し、その対応が悪い」「老人保健施設に入所したが、車椅子に乗せられリハビリがなされない」

などが挙げられる(前掲書)。

介護サービス情報公表制度と第三者評価

二〇〇六年改正介護保険制度の実施によって、介護保険制度下のすべての事業所は、毎年一度、「利用料金」「職員体制」「サービス内容」「事業運営状況」などといった情報をインターネットなどで公表する義務が課せられた。しかも、その内容が事実か否か、都道府県が指定した調査機関によってチェックされる。事業所情報が公表されることで、高齢者自らがより良い事業所を選択できることが目指されている。繰り返しになるが各事業所は公表にあたって約五万円の手数料を、これら調査機関などに支払うのだが(〇八年度から手数料を一部見直し)、「サービス情報を公表するのに、何故、事業所ごとに五万円もの経費を要するのか」という声が事業所から多く寄せられている。

しかも、「訪問介護業務」「ケアマネジャー業務」「デイサービス業務」など複数の事業を展開している施設は、三部門ということで計約一五万円の負担となる。

また、利用者が福祉サービスを選択する際の情報として、「福祉サービス第三者評価」という制度がある。決められた評価基準に基づき専門家が判定した結果や利用者調査の結果が、インターネットや報告書によって公表される。

以上のような取り組みは推進されるべきであるが、どれだけサービスの質の向上につながっているかは疑問である。それよりも各事業所は、日々の介護業務に追われ、余裕のない状況で仕事を強いられているためサービスの質の低下を招いているのではないだろうか。

4　制度発足時を振り返る

「介護の社会化」はどこへ——沖藤典子氏に聞く

二〇〇七年九月五日、筆者はノンフィクション作家の沖藤典子氏に話を伺った。沖藤氏は、一九七九年『女が職場を去る日』(新潮社)を公刊し、当時から親の介護によって女性が仕事を辞めなければならない社会的背景を訴え、介護保険制度創設前から長らく介護問題に取り組んでいる。現在も「社会保障審議会介護給付費分科会」の委員を務めている。

氏は介護問題を、①制度・政策、②サービス提供者、③本人・家族、といった視点で常々考えているという。介護保険制度の導入の際にも制度自体に賛成したのではなく、女性(「嫁」や「妻」など)が介護に追われる日々をどうにかしようという思いから、何か施策はないかと運動を始めたそうだ。そして、介護保険制度が創設されることによって、「介護の社会化」といったことが実現されると思ったからこそ、一つの施策として保険制度に賛成したという。

しかし、〇六年改正介護保険制度の実施が象徴するように、徐々に財政的背景が重視され、利用者よりも制度存続を優先する施策が打ち出されている。介護保険は大きな役割を果たしてきたが、ここ数年、サービス削減が目立ち利用しにくくなっているとみているそうだ。

また、高齢者にとっては、制度が年々分かりづらくなっており、書類を何枚も書くなど、加算・減算といった複雑な料金体系で、使う側には理解できなくなっている。もう少し、シンプルな制度にしてほしい、とも指摘していた。

そして、介護労働者の賃金が低く、離職者が増え続け介護現場は崩壊に近づいている。ただ、介護施設経営者の一部には、未だに自分たちの給与を高く設定している者もいる。度重なる介護報酬のマイナス改定によって、現場職員の給与は下がるものの経営者の収入は変わらないという施設がある。その意味では、介護経営者の賃金体系を公開し、施設全体の経営状況がオープンにされるべきであると、氏は強く訴えていた。

自治体担当者に聞く

二〇〇七年八月二九日、筆者は所沢市市役所高齢者支援課課長の鏡諭氏に話を伺った。鏡氏は介護保険制度創設時から介護保険業務に携わり、地方自治体の立場から厚生省（現・厚労省）と共に制度を築いてきたメンバーの一人である。これまで介護関連の著書も何冊か公刊している。

七年間の介護保険制度を振り返ると、介護保険創設時は地方分権の試金石として期待されていたにもかかわらず、いつのまにかに中央集権化されてしまったと嘆いていた。そもそも制度の理念は、住民の身近な保険者である自治体が「負担と給付」といった保険財政に責任を持ち、地域のニーズに応じてそれらを調整していくものであったはずなのに、とのことだった。

また、現在の介護保険制度は、〇六年に介護予防システムが導入されるなど、厚労省の意向が強くなり保険者である自治体の権限はかなり低下している。自治体が制度を維持・構築していく当初の理念は置き去りにされているとのことであった。介護保険財政に占める市町村と都道府県の負担はそれぞれ一二・五％であるため、もう少し、保険者である自治体に裁量権が委ねられてもいいはずであるそうだ。
最後に鏡氏は、将来、保健システムが絡む軽度者の介護サービスなどは税金で賄い、今後、介護保険制度は中重度な高齢者に傾斜していくべきではないか、財源が限られるので、このような区分けの議論も必要ではないかと、つけ加えた。

加速する高齢化

日本の人口は二〇〇六年一〇月一日現在で、約一億二七〇〇万人である。そのうち六五歳以上人口は約二六〇〇万人で五人に一人が高齢者ということになる。しかも、七五歳以上といった「後期高齢者」は約一二〇〇万人以上にのぼり、全人口の九・五%となっている(総務省「推計人口」二〇〇六年一〇月一日現在)。国立社会保障・人口問題研究所の推計によれば、高齢化率は二〇一五年二六・九%、二〇二〇年二九・二%、二〇二五年三〇・五%、二〇三〇年三一・八%、二〇三五年三三・七%、二〇四〇年三六・五%となっている[図4―2]。

なお、二〇〇五年度六五歳以上の高齢者がいる世帯は、合計約一八五三万世帯で、全世帯の約四割を占めている。しかも、[図4―3]から理解できるように、六五歳以上の高齢

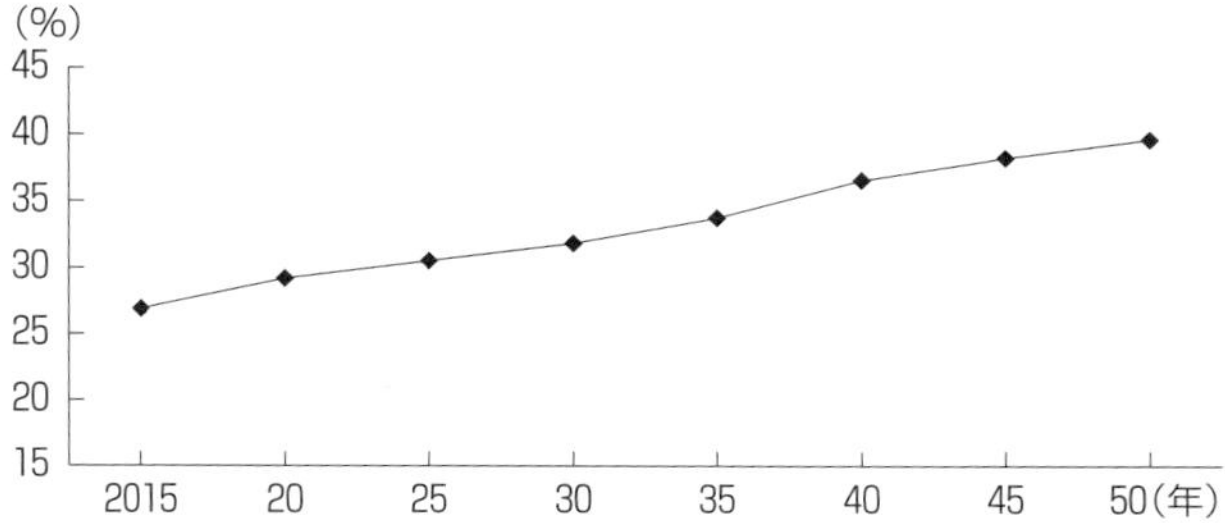

出所：国立社会保障・人口問題研究所「日本の将来推計人口(平成 18 年12 月推計)」より作成

図 4-2　日本の高齢化率の将来推計

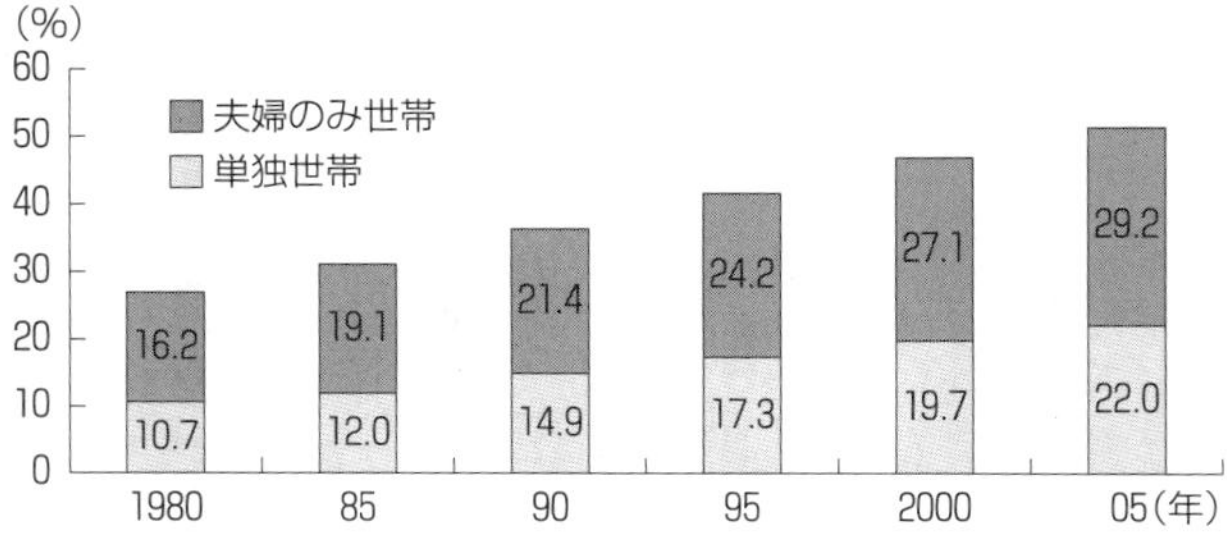

出典：内閣府編集『平成 19 年版 高齢社会白書』ぎょうせい出版，2007 年より

図 4-3　65 歳以上高齢者世帯に占める単独世帯及び夫婦のみ世帯の割合推移

者世帯に占める単独世帯及び夫婦世帯は、年々増え続け半分以上に及ぶ。言うまでもないが「独り暮らし高齢者」「老老介護」といった問題が顕在化しているのだ。

二〇〇五年度、厚労省による「国民生活基礎調査」によれば、高齢者世帯人員一人当たりの平均所得金額は約一九〇万円である。また、高齢者世帯の年間所得状況は、一〇〇万円未満一七・四%、一〇〇～二〇〇万円未満二六・〇%、二〇〇～三〇〇万円未満一九・八%、三〇〇～四〇〇万円未満一七・〇%、四〇〇～五〇〇万円未満九・一%となっている[図4－4]。

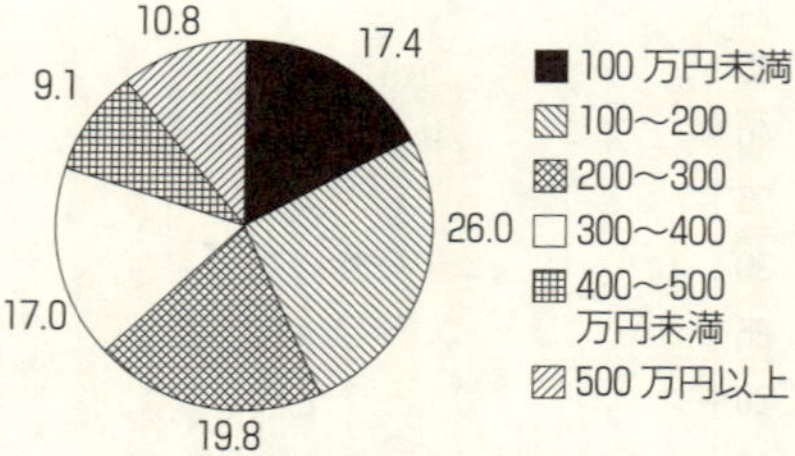

出所：内閣府編集『平成19年版 高齢社会白書』ぎょうせい出版，2007年より作成

図4-4　2005年度高齢者世帯の年間所得の分布(%)

5　制度はどう決まる?

大きく見直された二〇〇六年介護保険制度

介護保険制度は五年に一度大きな見直しがなされる。二〇〇〇年にスタートした制度は、

五年後に見直しの議論がなされ、これまで見てきたように二〇〇六年度から新しい介護保険制度として運営されている。おそらく、再度、二〇一一年に見直しの議論がなされ、二〇一二年度に大きな制度改革が実施されると予想される(介護保険法附則(検討)第四条「政府は、この法律の施行後十年を経過した場合において、第五章の規定の施行の状況について検討を加え、その結果に基づいて必要な措置を講ずるものとする」)。

介護保険制度の見直しの議論がなされたのは、「社会保障審議会介護保険部会」と呼ばれる厚労省の審議会においてである。その審議会のメンバーは、「学識経験者」「日本医師会」「労働組合」「全国市長会代表者」「介護業界団体」など約二〇人から構成されている。〇六年改正介護保険法の実施における目玉となった、「介護予防」「地域密着型サービス」などは、この審議会で議論された。

また、介護保険制度は主に各自治体が保険者となっていることから、介護保険事業計画を三年ごとに策定して、三年間の介護サービスの基盤整備や介護保険料などが決められる。たとえば、「特養ホームにおけるベッド数」などは保険者である市区町村が決めている。

表 4-1　主な在宅系介護サービスの料金

（円）

ヘルパーサービス*		訪問看護	
生活援助	1 時間未満 約 2,080	訪問看護ステーション	1 時間未満 約 8,300
身体介護	1 時間未満 約 4,020	病院・診療所	1 時間未満 約 5,500
デイサービス（食費負担等含まず）*		**併設型施設ショートステイ（食費負担等含まず）**	
要介護度 1	8 時間未満利用 1 回　約 6,770	要介護度 3 （4 人部屋）	1 日　約 8,300
要介護度 5	8 時間未満利用 1 回　約 11,250	要介護度 5 （4 人部屋）	1 日　約 9,710

＊地域などにより若干異なる（消費税等含まず）
＊ヘルパーサービス 30 分未満は別料金．デイサービスは 6 時間未満は別料金．

介護サービスにはいくらかかるのか

介護保険サービスの料金は「公定価格」である。基本的には、「社会保障審議会介護給付費分科会」という厚労省の審議会で議論されて決まる。その委員も各関係団体の代表者から構成されている。介護保険制度はいわば、制度そのものと、料金体系である介護報酬といった二つの仕組みから成り立っている。

二〇〇三年一月、介護報酬は全体で二・三％引き下げられ、二回目となる二〇〇六年一月改定では全体で二・四％（半年前倒しで実施分含む）引き下げられている。過去二回ともマイナス改定が続き、介護事業者にとっては厳しい現実が続いている。三回目の改定は二〇〇九年に実施される予定で、介護業界はプラス改定に期待を寄せている。

具体的に二〇〇六年の介護報酬に基づくと、ヘルパーサービスを一時間未満で依頼すると約二〇〇〇~四〇〇〇円の料金設定となっており、利用者はそのうち一割を負担する。デイサービスやショートステイの利用料金は「一日いくら」といったように、一日単位で加算されていくが、介護度が重くなるにつれ若干、個別の料金が高くなる[表4―1]。施設サービスの料金設定も、一日ごとに加算され介護度が重くなるにつれ高くなる[表4―2]。しかも、居住費や食費も自己負担となり所得に応じて月〇~八万円と幅がある。

表 4-2　主な施設系介護サービスの料金

（円／日）

特養ホーム（食費負担等含まず）	
要介護度 3（4 人部屋）	約　7,800
要介護度 5（4 人部屋）	約　9,210
老健施設	
要介護度 3（4 人部屋）	約　8,830
要介護度 5（4 人部屋）	約　9,900
療養病床（介護型）	
要介護度 3（4 人部屋）	約 11,300
要介護度 5（4 人部屋）	約 13,220

＊地域などにより若干異なる（消費税等含まず）

介護保険を利用する際に、高齢者は一割負担であるため料金総額自体には、あまり関心が向かない。しかし、今後、利用者の自己負担割合が二割になる可能性も否定できず、利用者も料金設定に関心を抱いていかざるをえないだろう。

ただし、介護報酬改定の議論で基礎資料となる「介護事業経営概況調査」（介護保険施設及び介護事業所等の収入・支出の実態を把握する調査）は、単年度べースでの収支に基づく調査である。介護報酬がマイナス改定となると、介護事業経営者は常勤職員を非常勤化する（人件費を削る）など、企業努力によって収支をプラスに転じようとする。しかし、ようやく収支がプラスになっても、そうなったのだからという判断で、次回の改定でさらに報酬を引き下げられてしまうのだ。その意味では、企業努力という成果が報われないシステムとなっており、さらなる人件費の削減によって、介護従事者の低賃金化が加速されてしまう。「介護事業経営概況調査」の内容を再検討すべきであろう。

＊

介護保険制度の発足にあたっては、社会保険方式とするか、税金で賄うべきかの激しい議論がなされた経緯がある（二木立『介護保険制度の総合研究』）。しかし、結果的には健康保険、年金、雇用保険、労災保険に次ぐ五番目の社会保険として介護保険制度が位置づけられ、一九九七年一二月介護保険法案が国会で成立、二〇〇〇年四月から介護保険制度がスタートした。その目的は以下の四点にまとめることができる。

第一に、「介護の社会化」という意味で、主に家族が担ってきた介護に対して、社会全体で取り組むというねらいがあった。特に、「嫁」「妻」に大きな負担がかかり、女性が介護に追われてしまう社会問題もクローズアップされた。旧制度である「措置制度」（役所が適格者にサービスを提供する制度）では、限られた人しか介護サービスの利用が認められなかった。その意味で、社会保険制度の下、普遍的なサービス体系が目指されたのである。

第二に、医療と介護の区分の明確化である。当時、老人病院などを中心に社会的入院が顕在化しており、医療費高騰の要因ともなっていた。介護保険制度を創設することで、医療と介護の区分を明確化し、それぞれ独自のシステムを構築することが図られた。

第三に、繰り返しになるが、競争原理を活かしながら、多様な供給主体を介護業界に参入させることにあった。それによって、利用者自らサービスを選び「与えられる介護ではなく、選ぶ介護」が目指された。

第四に、介護保険制度は市区町村が主体となり、保険者として、各地域に合ったサービス体系を構築することが目指され、国の主導ではなく地方分権の試金石として期待された。

介護保険制度が創設され、サービス利用者層は増えた。措置制度時に比べ、介護サービスの供給量も上昇し、問題はあるにせよ介護の担い手も増えている。しかし、未だに社会的入院は深刻化し、利用者がサービスを選べるほどにはなっていない。しかも、「介護の社会化」が目指されたといえども、家族に依存する在宅介護の現状は変わっていない。

このことから、介護保険制度が創設されるにいたった「理念」と、八年が過ぎた介護現場を比べると、かなり乖離していると言わざるをえない。しかも、介護現場ではサービス利用をできるだけ抑制するかのごとく、「自立」といったキーワードが用いられる。その意味では、「自立」といった言葉が、介護サービスを利用させないための大義名分のように使用されているとの印象は否めない。

本来、介護保険制度の目指すべき姿は、高齢社会に突入し、「介護」といった分野が家族扶助には依存できなくなり、社会全体で担うことにあったことを、再度、国民は思い出すべきである。

第五章　介護労働者から見る現場

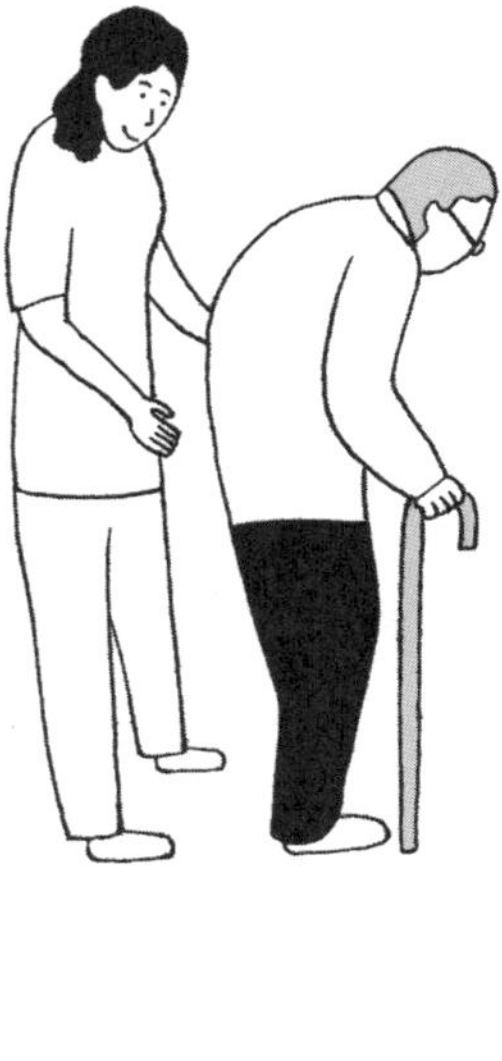

1　慢性化する人手不足

景気に影響される介護労働市場

介護関連職種の有効求人倍率は、常勤職で二〇〇四年度〇・六九倍、二〇〇五年度〇・九七倍、二〇〇六年度一・二二倍。パートタイムになると二〇〇四年度二・六二倍、二〇〇五年度二・八六倍、二〇〇六年度三・〇八倍である［表5―1］。ここ数年、介護現場では、人材を集めることに苦慮しており、職員の非常勤の割合が高くなっている。

厚労省関連団体の介護労働安定センターによる『平成一八年版介護労働の現状』によれば、二〇〇五年度の介護関連職種における離職率は二〇・二％であった。しかも、これら離職していく人たちの勤務年数が一年未満というのが約四割となっている。つまり、一年間で一〇〇人の介護職がいたとして毎年二〇人が離職しており、その二〇人中八人が一年未満の勤務年数ということになる。全労働者の平均離職率が一七・五％であるため、介護労働市場の深刻さがうかがえる。ここ数年の雇用情勢は安定化してきており、介護業界にとっては、いっそう、「人手不足」を深刻化させる原因となっている。

介護労働者と全労働者における年間平均収入を比べると、年齢差があるものの、かなりの違いがある。介護系職種で最も水準が高いのはケアマネジャー職である。介護士として現場で五年以上経験を積むと、ケアマネジャーの受験資格を取得できる。

いわば介護士らにとっては、業務内容はともかく、目標とすべき職種であろう。介護士であれば年収約三〇〇万円前後であるが、経験を積んでケアマネジャー資格を取得すれば、約四〇〇万円近くの収入が得られる。場合によっては、管理職となれば四〇〇万円を超えることも夢ではない［表5―2］。

しかし、看護師の年収の全国平均が約四二〇万円であり、介護士らの目標となるケアマネジャー職に就いたとしても、その水準を下回る状況である。しかも、介護労働安定センターによる「介護労働実態調査」によれば、年次有給休暇制度が「ない」事業所が約一割にも達している。この実態からしても、介護士らの労働環境はかなり厳しいことが理解できる。そのため、将来の展望が抱けず、男性介護士らは結婚を機に別の業界へ転職する者も多い。将来、子育て

表5-1　介護関連職種の有効求人倍率の推移

（倍）

	常勤職員	パートタイム
2004年	0.69	2.62
2005年	0.97	2.86
2006年	1.22	3.08

出典：厚労省「職業安定業務統計」より作成

表5-2　介護系労働者の年収試算額

職　種	平均年齢	年収試算額
全労働者	40.7歳	約452万円
全男性労働者	41.6	約511
全女性労働者	38.7	約323
福祉施設介護員(男性)	32.1	約315
福祉施設介護員(女性)	37.0	約281
ホームヘルパー(女性)	44.1	約262
ケアマネジャー(女性)	45.3	約373
看護師(女性)	35.4	約420

出所：厚労省「平成17年賃金構造基本統計調査」より作成

といった人生設計を考えると当然である。

社会福祉法人立施設の人材難

現在、筆者がケアマネジャー業務(非常勤)に従事している勤務先の居宅介護支援事業所は、特別養護老人ホームに併設されており、デイサービスや訪問看護ステーションなどといった事業も展開している。私の直の上司(施設長)でもある林房吉氏に、介護人材について話を伺った(二〇〇七年九月二日)。

氏によれば、一般的に社会福祉法人が新規事業として施設を立ち上げた場合、最大の課題が介護士や看護師を集めることだという。規模にもよるが、介護士を三〇人以上公募しなければならないとして、全国的に皆が苦労しているようだ。県庁所在地や大都市の一部では、何とか人材を集めることができるが、少し離れた地方都市では人が来てくれないのだ。人材が集まらなければ人員基準違反で罰則があり、施設としては開設できない。人員が集まらず、開設を予定日よりかなり遅らせる施設も少なくないという。

ただし、基盤のしっかりした社会福祉法人であれば、系列施設からベテラン職員を何割か新施設へ配置転換させ、各施設とも新人職員で補い人員上の問題はクリアできる。しかし、それで新施設を立ち上げることはできたとしても、ベテラン職員が配置転換されたことで、系列施設のケアの水準はかなり低下することになる。

現在、各施設は人員基準遵守のため最大限の努力をしているが、現状が続けば一部の地域を除いて新たに施設を開設することすら不可能になるだろう、との意見であった。

NPO法人の介護施設の場合

二〇〇七年九月八日、筆者はNPO法人でグループホームを経営している根元和子氏（仮名）に話を伺った。第一章で述べたようにグループホームは、認知症高齢者を対象とした小規模な高齢者施設である。

氏によれば、「社会福祉法人と違って、私どもはNPO法人といった小規模な組織で事業運営をしているが、人材難でやはり困っている」という。次々に職員が替わっている状態で、しかも最近一〜二年は景気が上向きになったせいか、介護士が別の業界へ転職している。数年前までは、根元氏の施設で介護職の経験を積んで一定程度技術が身につくと、多少、待遇が良い社会福祉法人の施設へ転職していったが、今は違う、同じ介護分野へ転職するなら介護業界から人材が流出しないのでまだしも、現在では、志があって介護業界に飛び込んでくる人も、しばらくして待遇の良い別の業界へ転職してしまうと嘆く。

不充分な介護労働施策

二〇〇七年八月二八日、厚労省は「社会福祉事業に従事する者の確保を図るための措置に関する基本的な指針」(厚生労働省告示二八九号)を定めた。

この中で、福祉・介護サービス分野における必要な人材を確保するにあたって、給与に関しては「国家公務員の福祉職給与表を参照する」「適切な水準の介護報酬の設定」「小規模事業所における週四〇時間労働の導入」などが明記されている。また、「新たな経営モデルの構築」といって、社会福祉法人制度による規制改革の推進なども盛り込まれている。

しかし、これら諸々の提言は、財政面でどうしていくかの議論はあまりなされておらず、どうしても抽象的な提案になっていることは否めない。これら基本方針の内容は、財政的な裏付けがない以上、どれだけ具体性があるかは疑問である。

外国人介護労働者受入れの議論

現在、介護現場の人材不足問題に関し、外国人介護労働者受入れの議論がなされている。二〇〇六年一二月六日、国会で「日比経済連携協定」が承認され、今後はフィリピンの国会でこれらが批准されれば、二年間で六〇〇名程度の介護士の受入れがはじまる。しかし、筆者はそれほど外国人介護労働者の議論に関心を寄せていない。むしろ、日本人介護士が「人手不足」だから外国人でそれを補うという施策は、あまりにも短絡的で介護問題を軽視していると感じる。外国人介護労働者を受け入れること自体に、特に異論はないが、それは日本の介護労働実態が改善されてからの話であろう。

しかも、外国人介護労働者受入れの議論は介護現場からの発信ではない。むしろ、「自由貿易協定」（ＦＴＡ）や「経済連携協定」（ＥＰＡ）といった、国際貿易におけるグローバル化に伴う規制緩和や関税障壁といった論点から始まっている。その一環として日本でも外国人労働者の受入れが焦点となったようだ。特に、新たに「准介護福祉士」といった「介護福祉士」よりも修得しやすい制度を設け、外国人を受け入れやすい環境を整備するなど、「介護職の専門性」などはあまり考慮されていない。

外国人介護労働者の議論をする前に、むしろ、「潜在介護士」といった、有資格者でありながら、介護職に就いていない人材を、再度、現場に呼び戻す努力をすることが先決であろう。

介護労働者は単に賃金や待遇といった側面だけではなく、高齢者の笑顔に支えられるといった「やりがい」とでもいうような精神的支えによって、厳しい環境でも、敢えて仕事に従事している人が多い。そのため、多少、待遇面が悪くとも、ストライキなどで職場を放棄することもなく、いわば「善意」に基づき働いている人が多い。この傾向は、特に、NPOの介護施設などで働いている介護労働者に多く見られる。しかし、このような「善意」に依存する労働形態は長くは続かない。このまま介護労働者の「善意」や「やりがい」に依存していては、介護現場が崩壊してしまう。

2　介護報酬改定の影響

ヘルパーの雇用実態

二〇〇七年八月三〇日、筆者は有限会社コスモスヘルパーステーション代表取締役、遠藤幹江氏に話を伺った。コスモスヘルパーステーションは、都内を中心に三か所のヘルパー事業所と一か所のグループホーム事業を運営している。

遠藤氏によると、二〇〇五年度総売上げが約三億五〇〇〇万円であったのに対し、〇六年改正介護保険制度実施後、〇六年度総売上げは二億八〇〇〇万円に留まり約七〇〇〇万円の減収となったという。介護予防(新予防給付)の導入などで、ヘルパー事業を中心に売上げが大きく減少した。その結果、減収が見込まれる〇六年後半から今日まで、三か所の事業所を閉鎖するなど大幅な人員整理をしている。現在、計四か所の事業所運営に縮小し、正規職員九〇人を六八人に、非常勤ヘルパーは約一〇〇人から三〇人までに減らした。

遠藤氏の会社では、正規職員のヘルパー年収は約三〇〇万円で、ケアマネジャーは約四〇〇万円を基準としているという。非常勤職員の場合では、時給約一三〇〇円を基本とし、「身体介護」と「生活援助」を同一賃金にしている。一般的に都内では身体介護が約一八〇〇円、生活援助が約一一〇〇円となっている。しかし、これらを同一賃金にすることで、ヘルパーたちが「生活援助」の仕事にも消極的にならないよう配慮しているそうだ。特に、非常勤ヘルパーは、実際の働く時間が利用者の生活ニーズに応じているため、一人の利用者で一時間から一・五時間と細切れである。訪問先への移動時間は含まれないため、一日二人を担当しても実働時間は二時間から三時間にしかならず、日給にするとごくわずかとなる。

氏は、「介護保険制度創設前からヘルパー事業を運営しているが、介護保険制度導入後、経営的に安定していた時期は二〇〇〇年度と二〇〇一年度の二年間のみで、その後の五年間は厳しい状況である」と訴える。国は制度創設時に介護事業が二一世紀の成長産業であると宣伝していた。しかし、これまでの二回の介護報酬マイナス改定に見られるように、「はじめは梯子をかけておきながら、民間事業所が参入し始めると、その梯子を取りはずしてしまうようだ」と苦笑いしながら話してくれた。しかも、行政から「法令遵守」といって厳しいルールが年々課せられ、守れば守るほど事業経営が徐々に赤字となると、氏は訴える。そして、国や行政は改正後の仕組みを、利用者へ充分には説明せず、結果的にはヘルパーやケアマネジャーにその責務を押し付けている、制度が変わるのであれば、利用者や介護従事者に詳しい説明をするのが国や行政の役割である。「法令を厳しくし、お金も絞る」といった現在の介護施策では、事業所は徐々に撤退せざるをえなくなる、と遠藤氏は強く訴えていた。

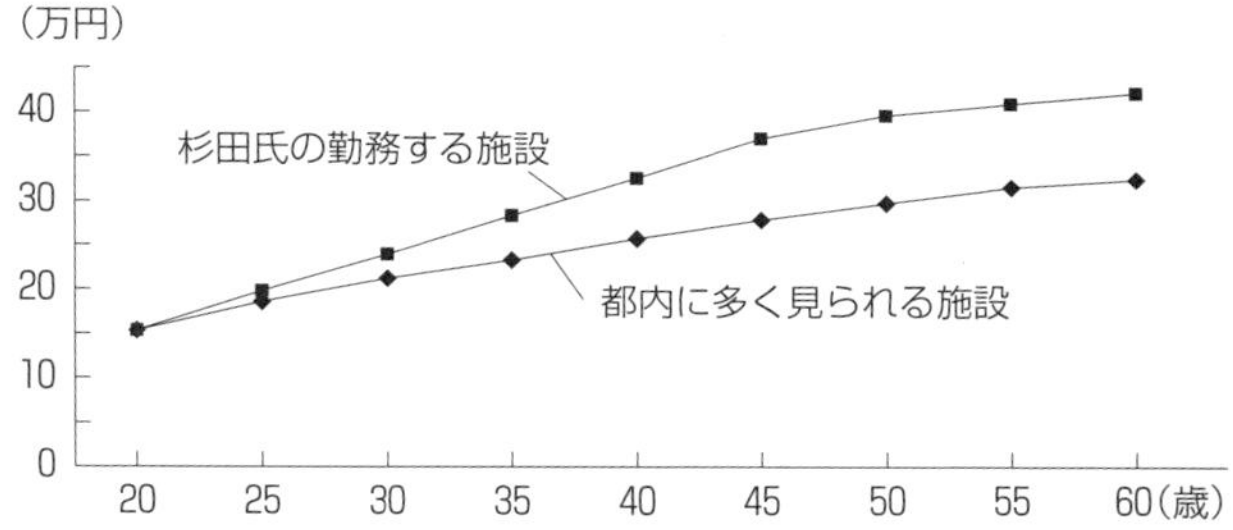

出所：杉田浩二氏作成の資料による

図 5-1　介護施設における介護士の給与水準(月額)

施設の職員に聞く

二〇〇七年九月八日、筆者は特別養護老人ホーム(介護施設)に勤務する介護士の杉田浩二氏(仮名)に話を伺った。二〇〇六年介護報酬マイナス改定などによる影響で、氏の勤務する施設では二〇〇五年度と二〇〇六年度を比べると、約七〇〇万円の減収になったそうである。それによって正規職員を減らし非常勤職員で補うことになったが、公募してもなかなか人が集まらない。

もっとも、氏の施設では、常勤職員の給与はそれなりの水準を維持する経営方針であるという。[図5—1]は、杉田氏が作成したもので、都内施設の一般的給与水準と比較したものであるが、年齢が高くなるにつれ給与体系に差が生じている。氏の施設は、事業経費に占める人件費比率が七割を超え、毎年、収支はプラスマイナスゼロだ。一般的に人件費比率は六割半ばであるというが、一定程度の質の高い常勤職員を確保するには、人件費比率を高くしなければならない。

3 労働組合などの取組み

日本労働組合総連合会（連合）の見解

二〇〇七年八月三〇日、筆者は東京・神田駿河台の連合生活福祉局局長の小島茂氏に話を伺った。氏は連合の代表として厚労省介護関連の審議会委員を務めている。

氏によれば、連合としても介護労働者の雇用・労働環境を改善し、その定着率を高め、魅力と働きがいのある職場づくりを推進するよう、審議会での意見反映や厚労省要請（二〇〇七年八月二〇日）などに取り組んでいるという。介護労働者の非正規雇用が四割を占め、離職率も高い状況では、近い将来、産業として成り立たないのではないかと懸念している。介護労働者の待遇が良くなければ、利用者へのサービスの質も低下してしまい、最終的には高齢者・利用者にとってマイナスとなる。

今後、介護保険制度の在り方についても、再度、審議会等の場で真剣に議論していかなければならないと認識しているようだ。特に、介護報酬の問題がポイントとなるが、「負担と給付」といった議論は避けられないだろうと見込む。たとえば、今後、介護サービス全体と介護保険との関連で、①「一般財源などの自治体によるサービスと介護保険とを組み合わせていくのか」、②「介護保険制度で全体をカバーしていくのか」といった議論も必要ではないかという。

コムスンの問題に関して話を伺うと、指導・監査を徹底し、法律を厳格に適用することが大原則であるが、行政のみではなく、利用者、被保険者など市民による監視体制を各保険者に設け、幅広い視野で法令遵守の徹底を図るべきであるという。

特に、介護事業所の「連座制」の問題については、いっそうの議論が必要ではないか、そもそも、「不正とは何か」「不当とは何か」といったことを、再度、検証していくべきであろうとの見解であった。「十かゼロか」ではなく、もう少し、不正事業所に対しては、段階的な処分・罰則システムが議論されるべきであろうという。あくまで氏個人の意見としながらも、少し種別は異なるが、「産業再生機構」といったシステムを参考にしながら、不正があった会社に対して、一時、公的部門などが受け皿となり、経営陣を一掃させ、健全な会社に建て直していくことも考えられるのではないか、と強調していた。

介護系労働組合の苦悩——日本介護クラフトユニオン(NCCU)

二〇〇七年八月二七日、筆者は港区にある日本介護クラフトユニオン(NCCU)の事務所を訪れ、会長の河原四良氏に話を伺った。NCCUは連合傘下(上部団体はUIゼンセン同盟)の介護系労働組合で、二〇〇七年四月時で約六万四〇〇〇人の組合員を擁している。その中には、約二万四〇〇〇人の元コムスン介護労働者も含まれている。

氏は、現在の介護労働者の実態を「格差以前の労働条件」と訴える。その最大の要因は、制度発足時から介護報酬が低く設定され、度重なる介護報酬のマイナス改定で、一層、悪化しているということだ。介護関係者は、数年前から政府にこの問題を訴えてきたが伝わらなかったようだ。しかし、二〇〇七年に入り、コムスン問題などでマスコミが頻繁に介護問題を取り上げたせいか、ようやく社会に知られるようになっているのではないかという。その意味では、マスコミの影響は大きいそうだ。

NCCUが行った調査によれば、六か月以上一年未満の介護労働者の離職率が二一・一%、一年以上二年未満が一七・〇%となっているそうだ。しかも、非常勤ヘルパーの月収は五~一〇万円が四割を占め、そのことが離職率につながっているという。組合員の声によれば、「本当はヘルパーの仕事は好きで続けたいが、生活していけないので、別の仕事に転職する」といった意見が少なくない。

氏は、介護システムが充実していかなければ、親の介護などの問題が勤労者にも影響をきたし、社会全体が危機的状態になると訴える。いわば介護システムの充実は、その国の品格にも関連してくるため、国民全体で真剣に考えていくべきだと、主張していた。

脆弱な介護系職能団体

厚労省大臣官房統計情報部「平成一七年介護サービス施設・事業所調査」（厚生統計協会、二〇〇七年）によると、二〇〇五年一〇月時で、介護士等（介護福祉士やヘルパー一・二級者などを含めて）は、約一一二万人に達しており、施設系が約三一万人、在宅系が約八一万人となっている。そのうち介護福祉士の有資格者は、施設系で約一二万人、在宅系で約一四万人の計二六万人弱だ。ただし、介護福祉士として登録されている人数は二〇〇七年一月時で約五五万人にも達することから、有資格者のうち約半数が介護職の仕事をしていないことになる。

ところで、厚労省「平成一九年労働組合基礎調査結果の概況」によれば、全体の推定組合組織率は一八・一％であるが、医療・福祉系に限ると八・五％まで低下する。また、介護系職能団体においても、その組織率が低いことに変わりはない。たとえば、一九九四年二月一二日に任意団体から設立された介護福祉士の職能団体である「社団法人日本介護福祉士会」の会員数は約四万人である。一方、ケアマネジャーの職能団体である「日本介護支援専門員協会」は、二〇〇五年一一月三日に設立されたばかりで、二〇〇七年三月時で約三・七万人の会員数である。二〇〇六年度までに四〇万人弱がケアマネジャー資格の試験に合格している(実労働者約一〇万人弱)。一九九三年一月、任意団体から設立された「社団法人日本社会福祉士会」の会員数は、二〇〇七年三月時で約二・五万人であるが、二〇〇七年一月時で約八・三万人もの人が社会福祉士資格を有している。

これらを医療業界の職能団体と比べてみると、その実態は明らかに違う。日本医師会の会員数は約一六万人でその組織率は約六割、日本看護協会の会員数は約五八万人で組織率は約五割だ。また、日本薬剤師会の会員数は約一〇万人で組織率は約四割である。二〇〇七年参議院選挙で比例区において、日本医師会、日本看護協会、日本薬剤師会の関連候補者は落選したものの、未だにそれぞれに関係する国会議員は存在している。

国会議員の擁立などで単純に比較はできないものの、一般的に介護系職能団体の「組織力」「政治力」は未だ発展段階にあると言わざるをえない。

第六章　障害者福祉における介護

1　障害者自立支援法の誕生

新法のねらい

二〇〇六年四月から新たな障害者福祉制度である「障害者自立支援法」の一部が施行され、同年一〇月から完全実施されている。旧制度である「支援費制度」から、新制度への移行の大きなねらいは、①「身体」「知的」「精神」といった三障害の制度格差を是正し、同じ法律の下でサービス体系の構築を目指す、②就労支援の促進を図り、障害者の働く場を確保する、③新たに障害程度区分(個々の心身の状態を示す区分で、それによってサービスの必要性を明らかにする)を設け、在宅サービスを中心に支給決定の透明化を図る、といったことが挙げられる。

サービスは大きく分けて、①「自立支援給付」という、個々の障害程度や配慮すべき事項を踏まえて全国一律の共通のサービス項目を個別に支給決定するもの、②「地域生活支援事業」という、利用者の状況を考慮しながら市区町村の創意工夫によって提供するもの、以上の二つがある。

新制度に移行したことで利用者にとって大きな問題となっていることは、負担軽減といった措置はなされたものの、サービスを利用する際に原則一割の自己負担が生じたことだ。施設利用者の中では、利用者負担を理由にサービス利用の抑制を行った率が四・三九%、中止にいたった率は〇・七三%となっている（厚生労働省「障害保健福祉関係主管課長会議資料二〇〇七年三月九日」）。

また、財源に関しては国庫負担の基準が設定されてしまい、その予算額の上限を超えてサービス提供をする場合、全額自治体の負担となる。つまり、国が示しているサービス基準内であれば五割の国庫負担が保障されるが、それ以上のサービスを提供するとなると各自治体の負担となる。

目まぐるしく変わる経過措置

二〇〇六年一〇月、障害者自立支援法は完全実施されたが、原則一割の利用者負担の問題が顕在化し、二〇〇七年四月以降、所得に応じてのサービス利用料の負担軽減措置が相次いでなされた。それによって、利用者は原則一割負担から、所得に応じて違いはあるものの、平均して「居宅・通所サービス」では四％、「施設入所サービス」では五％といった利用者負担になっている。

また、障害者自立支援法は世帯が有している資産要件によっても、利用料などに差が生じてくるため、目まぐるしく変わる経過措置によって、利用者側およびサービス提供者側の事務手続きが繁雑になっている。しかも、二〇〇七年度の税制改正に伴いそれらはいっそう、複雑化されている。健常者でも税制改正などの理解は難しく、まして障害者にしてみれば、最新の情報を得るにも困難で、介助者(たいてい家族)も高齢化している。

2　介護サービスは六五歳が境界

障害者自立支援法と介護保険制度

二〇〇七年九月七日、筆者はある自治体の障害者福祉課で相談業務に従事している佐藤俊行氏(仮名)に話を伺った。佐藤氏は相談係長として、多くの障害者の相談にのっている。

障害者本人や家族の不満は、当然、新制度移行によって利用者負担が一割となったことであるという。そのため、国による利用者負担の軽減策に加え、さらにその自治体では独自の予算で軽減策を実施し、サービス項目によって利用者負担を三%までとしているそうだ。障害者自立支援法の介護給付サービス(障害者福祉サービス)は、介護保険制度に類似した仕組みであるという。特に、障害程度区分の判定においては、介護保険制度を参考とした調査システムとなっている。そのため、ある六四歳の身体障害者の方が六五歳の誕生日が近づいた際に、サービスを切り替えるため介護保険制度の認定を受けた結果、障害程度区分時よりも軽い判定となり、使えるサービス量が減ってしまったという。

氏によれば、障害程度区分判定の調査は、利用者側が社会参加するためといった意識で調査(役所が行う)がなされるため、あくまで社会参加の程度を尺度に判定が下される。しかし、介護保険制度の場合は、介護者側からの視点で判定されがちになる。具体的には、たとえば、単に「立ち上がりができる」「杖歩行が可能である」といった場合、介護保険では軽度者として判定される場合があるものの、障害者自立支援法では、「立ち上がって外出できる」「杖歩行ができて外出ができる」といったことまで踏み込んで判定されるそうだ。

また、障害者自立支援法では、自治体ごとにサービス項目が異なっているため、各自治体間で差が生じる。たとえば、目の不自由な方の視聴覚機器や耳の不自由な方の音声機器などは、日進月歩で技術が向上しているが、ＩＴ関連の機器に関しては、自治体ごとにそれを給付として認めるか否かが違うため、どうしても差が生じてしまうという。

高齢者と障害者における「介護」の違い

「介護」といった場合、高齢者と障害者にとってその意味合いは大きく異なる。制度上では、介護保険制度における「介護サービス」は、特別な疾病を患った人以外は、原則、六五歳以上を対象としており、六五歳未満では「障害者自立支援法」が適用される。つまり、六五歳以上となれば障害の有無にかかわらず、介護を必要とする人には介護保険制度が適用されるのである。

だが、たとえば、三〇歳代で身体的に不自由があり「介護サービス」が必要である場合、その年代であれば、「子育て」「社会活動」「仕事」「趣味活動」「交際」といった活動的な生活を送る。もちろん、健常者で六五歳を過ぎても、なお活動的な人も多いが、年齢によってその活動・生活スタイルは大きく異なり、障害者であってもそれはまったく同じことである。その意味で、同じく身体的に不自由で「介護」が必要であったとしても、高齢者と障害者の「介護ニーズ」は、年齢による生活スタイルの違いもあり、一概に同一視することはできないのである。

3　障害者の介護現場を歩く

高齢になる両親と暮らして

二〇〇七年八月四日、筆者は高沢貞夫氏(仮名)宅を訪問した。氏は四〇歳代後半で、脳性麻痺による運動機能障害を持っているが、常時、電動車椅子を用いて地域へ出かけ、大学生のボランティアと一緒に社会活動をしている。また、パソコンにも堪能で、多くの友人らとメール交換を行っている。

筆者が二〇代の頃、勤務していた障害者福祉施設の利用者でもあった氏は、今でも同じ施設に通っている。しかし、当時とは制度が変わり「障害者自立支援法」の適用下で利用している。当日、八〇歳代になるご両親にも一緒に話を伺えた。

約一〇年ぶりの再会で懐かしく感じたが、氏も変わりなく元気で筆者を迎えてくれた。今回、旧制度の「支援費制度」から「障害者自立支援法」に移行したことで変わったことは何かと聞くと、通所施設を利用するのに自己負担が生じたことであるという。また、年に数週間ショートステイを利用する際にも、利用料が生じる。現在、給食費を含めると、一か月約三万円の負担額であるようだ。

ただし、二〇〇六年にかけて、原則、一割負担であったものに負担軽減などの経過措置が設けられ、何度も事務手続きをしているという。ご両親も、「制度が変わる度に役所へ出向き、何度か手続きを繰り返す。歳もとっているので、役所へ出向くだけでも一苦労である。役所の職員の方々も、たどたどしく変更点を説明してくれるが、何だか気の毒に感じる」と、話してくれた。

最後に氏は、両親が八〇歳を過ぎているので、いつまで在宅で暮らしていけるかが不安である、できるだけ慣れた自宅で暮らしたいが、遠くない将来、施設での生活を考えていかなければならない、と話してくれた。

知的障害者の介護

二〇〇七年八月一〇日、筆者は知的障害者を介護する母親たちに話を伺うことができた。その多くは、特別支援学校(旧養護学校)を卒業して数年が経ち、授産施設などを利用している。授産施設とは、身体障害や知的障害によって一般には働く機会が得られない人たちに、職場を提供する福祉施設である。利用者は適切な援助を受けながら、将来、就労することを目標に作業に取り組んでいる。しかし、実際に就労する障害者は少なく、結局長年、施設を利用するという。作業の中身は、企業や役所から委託される納品物(プラスティック加工品・木工品製造など)と、施設自ら製造・販売を行っている自主製品(縫製品・手工芸品)などである。いずれにしても、利用者は働くことで、毎月何千円かの収入(工賃)が得られ、家族としてもその達成感を共有できるそうだ。

しかし、母親の一人は障害者自立支援法の導入によって、施設を利用する際に、毎月、自己負担一割が生じたことに疑問を感じるという。利用料を毎月一〜二万円程度支払うことになり、何だか利用料を支払って、働かせてもらっていることになる。毎月、何千円かの収入を得るために数万円の利用料を支払っている感じだ。もちろん、子ども本人には制度移行後の利用料負担などを細々と説明していないため、従来どおり少ない賃金(工賃)を得てがんばっている。しかし、家族にしてみると複雑な心境である、と語られた。

また、障害程度区分の判定においても問題があるという意見があった。知的障害者の場合、身体的にはどうしても自立しているかのように見られてしまうが、実際はそうではない。食事は自分で食べられるものの毎回食べこぼし、トイレにおいても便器や床を汚すなど、母親である介助者が必ず何らかの対処をしなければならない。「介護」というと身体的に触れることだけがイメージされがちだが、日常生活全体の全支援が知的障害者の「介護」であるということであった。

重度心身障害者を介護する母親

二〇〇七年八月三日、筆者は田中道子氏(仮名)に話を伺った。氏は二〇歳になる娘さんが重度心身障害者で、毎週自治体直営の重度障害者福祉施設へ通所している。娘さんは、常時、車椅子で医療的ケアが必要で、体調面でかなり不安定であるという。

障害者自立支援法の適用外の通所施設(自治体単独事業の施設)に通っているため、現在、利用者負担はないが、近年中に、同法の施設として位置づけられるという。しかも、民間事業所へ委託される自治体の実施計画があるそうだ。

「娘には、吸引などが必要で、医療的ケアが欠かせない。自治体直営の施設は、看護師スタッフも配置され、離職率が低く、ベテラン職員によって、安心して娘を預けることができる。民間施設では職員が頻繁に替わり、担当介護士や看護師が数か月ごとに変わってしまう懸念を抱いている。娘のような重度の障害者の介護は、一定程度、慣れた職員でないと安心して預けることができない」と、氏は話してくれた。

今のところ、医療的ケアが必要ということで看護師や専門スタッフを揃えて、自治体直営のままサービスが展開されている。もし、直営ではなく民間事業所による施設運営となれば、介護士などの人材不足が問題視される中、賃金や雇用条件の不安定化によって、職員が根付かないのではと、不安を抱いているとのことであった。

ＮＰＯ法人による重度心身障害者通所施設

二〇〇七年八月七日、筆者はＮＰＯ法人立の重度心身障害者通所施設を訪問した。県と市による独自予算によって事業運営され、特別支援学校を卒業した重度心身障害者の方々が通所している施設である。利用者の中には、人工呼吸器などを付けた人もいる。

施設長の森田茂子氏(仮名)によれば、いずれ障害者自立支援法が適用される施設にしていく心づもりだが、あまりにも制度が複雑で理解しがたいという。施設を新制度へ移行しようとしても、情報を得るだけで疲れてしまう。とりあえず、自分たちがどのようなケアをしたいのかを明確にしてから考えることにしたそうだ。日々、変わる行政情報に振り回されると、肝心なケアに支障が生じてしまうという。

介護人材に関しては、NPO法人という小さな組織で事業運営していると、待遇面も良くないので、人材を集めにくいと嘆いていた。今、勤務してくれている職員は、半分「善意」で働いてくれている、いわば、このような人たちの「福祉的精神」に支えられてようやく事業運営が成り立っている。

特別支援学校の一二年間(小学校六年、中学校三年、高校三年)は公立学校ということで、かなりの税金が費やされていると、氏は話す。しかし、卒業してしまえば、小規模な施設に通うことになり、税金の投入もかなり削減されサービス水準が落ちる。一二年間だけ税金を大幅に投入するのではなく、長い人生を考え「教育」と「福祉」といった分野に、平均的に税金が投入されるべきであろう、と話してくれた。

4　障害者団体の声——DPI事務局に聞く

サービス量が減らされる

二〇〇七年八月三〇日、筆者はDPI(Disabled Peoples' International 障害者インターナショナル)日本会議の事務局長である尾上浩二氏に話を伺った。DPIは、一九八一年国際障害者年を機に、身体、知的、精神など、障害の種別を超えて活動する障害当事者団体として設立された。DPI日本では、障害者自身が意志決定の過半数を占めている団体だけを正会員として認めている。いわば、それぞれの障害者団体の連合体といえるであろう。筆者が東京・神田の事務所を訪れると、氏は電動車椅子に乗りながら笑顔で迎えてくれた。

障害者自立支援法について尋ねると、一定期間の経過措置があるものの、原則、サービス利用の際に一割負担が生じたことは障害者の生活を直撃しているとのことであった。

しかし、それ以外にも障害程度区分の判定システムに問題があり、一同困惑している、これらの審査会で一人ひとり異なる障害程度を判定することは難しく、客観的判断などはできないはず、という。しかも、障害程度区分によってサービスに要する国の負担額が決められているため、事実上、サービス量の上限額が決められてしまう。国が税金を一定程度しか負担しなければ、サービス量を増やそうとする場合、即、各自治体の負担増になる。その結果、市区町村も国の基準以上にはサービス量を増やしづらくなっているそうだ。

たとえば、進行性の筋ジストロフィー症を患う大城渉さんは、一日二四時間の介護サービスを県に求めていたが認められなかったという。

旧制度である支援費制度では、一日一二時間の介護サービスが認められていたが、障害者自立支援法に変わって九時間に減らされている。現在はボランティアを頼りにしながら、何とか在宅生活をしているとのことである。

尾上氏は、サービス量は一人ひとりの状況に応じて判断されなければならず、そもそも障害者自立支援法では「施設から地域へ」という理念があるのに、実態はそうなっていない、と訴える。大城さんは、その一例であり、今後、裁判で闘う姿勢を見せているため、DPIとしても他に悩んでいる仲間と一緒に協力しながら闘っていきたいと、尾上氏は話す。

「移動介護」の問題

旧制度の支援費制度から障害者自立支援法に制度が移行されたことで、障害者の社会参加にも影響をきたしている。

障害者が地域で生活していくにあたって、障害者団体の活動や趣味活動などには、介助が必要となる。これらは地域生活支援事業の「移動支援事業」というサービス体系になるが、新制度によってそれらは各自治体の責任となり国からの補助金も削られた。それによって、全国的にサービス量が減少し、「通学」「医療機関」「文化教養活動」といった目的以外には、移動介護サービスを利用できない地域もあるという。サービス利用にあたっては自治体間格差も生じており、限られた活動にしか介護サービスが認められない傾向にあるそうだ。

尾上氏は、障害者にとって移動介護のサービスがなければ、家に閉じこもることになり社会参加は難しくなる、地域で暮らしていくことが障害者自立支援法の理念であれば、在宅系サービスを拡充していかなければ、単なる掛け声だけに終わる、障害者自立支援法の理念とその具体的な施策は、あまりにもかけ離れている、と言う。

氏はさらに、障害者介護サービスと介護保険サービスとの統合が議論されているが、このまま事態が進むと、障害者自立支援法が介護保険制度に吸収合併されるのではないかと懸念する。そうなれば、現行以上にさらに厳しい状況となる。負担と給付の問題はあるものの、そもそも障害者サービスは社会保険には馴染まない、福祉サービスは国がしっかりと財源を確保し、全国同一の基準で介護サービスが保障されるべきである、という。

5　介護保険制度との統合はあるか

統合のねらい

二〇〇五年頃、介護保険法の改正に向けて審議会等で議論される過程で、被保険者・受給者の範囲が大きな論点となり、現在の四〇歳以上の対象年齢を引き下げて、障害者福祉制度の一部と統合するか否かの激しい議論がなされた。そして、二〇〇六年改正された介護保険法附則(検討)第二条①では「政府は、介護保険制度の被保険者及び保険給付を受けられる者の範囲について、社会保障に関する制度全般についての一体的な見直しと併せて検討を行い、その結果に基づいて、平成二十一(二〇〇九)年度を目途として所要の措置を講ずるものとする」と規定された。

介護保険の被保険者・受給者の範囲を現行の四〇歳から二〇歳もしくは三〇歳に引き下げることで、保険料を徴収できる世代を拡充することが可能となり、それによって保険財政の健全化が図られるかもしれない。しかし、若い世代から新たに保険料を徴収するには、その分サービス給付を設けなければならず、現在、公費で賄われている障害者福祉の介護サービスの一部を介護保険制度に盛り込むこと――「負担と給付」の関係を築くこと――が必要とされる。

筆者の考えとして、障害者福祉制度の一部(介護サービスなど)を介護保険制度に統合していく議論には消極的である。なぜならば障害者のケア(主に六五歳未満を対象)は社会保険ではなく、福祉制度に基づくべきだからである。

統合は避けられるか

二〇〇七年五月二一日、厚労省の有識者会議(座長・京極高宣氏)による「介護保険制度の被保険者・受給者範囲に関する中間報告」がまとまった。この有識者会議が行った「介護保険制度の被保険者・受給者の範囲に関する有識者調査」(二〇〇六年一二月に約二九〇〇人の有識者を対象に調査し、約一四〇〇人が回答)によれば、「被保険者・受給者の範囲を将来的に拡大すべきかどうか」という質問に関しては、「現行の被保険者・受給者の範囲を拡大して、要介護の理由や年齢の如何に関わらず給付を行う制度を目指すべきである」三二%、「将来的に被保険者・受給者の範囲を拡大する方向も考えられるが、現在は慎重であるべきである」四二%、「実質的には「高齢者の介護保険」である現行の介護保険制度を維持し、被保険者・受給者の範囲を拡大すべきではない」二〇%、という結果であった。

そのため、同会議では、「当面、介護保険の被保険者・受給者範囲拡大に関する国民的合意形成に向けた取組みに努める必要がある」との中間報告をまとめ、これらの統合に関しては、もう少し議論を重ねることで一致し、実質上、二〇〇九年度の統合の実施は不可能となっている。

*

筆者は、大学を卒業して数年間、障害者福祉施設の介護業務に従事し、その後、ケアマネジャーとして高齢者介護の現場に携わっている。その経験からしても障害者と高齢者における介護の実態は異なると感じる。また、これまで述べてきた障害者福祉の介護現場からも、そう言えるであろう。

制度を維持していくという視点から、障害者福祉の介護部門の一部を介護保険制度に統合することは、制度論・財政論のみで考えれば、必ずしも間違いとはいえない。

しかし、それは机上でのみ成り立つ議論であって、それぞれの介護現場に即して考えれば、かなり慎重に対処していかなければならないと、筆者は考える。

終章　現場へ歩み寄るための道筋

1　介護と医療は不可分である

二〇〇六年介護報酬改定と診療報酬改定

二〇〇六年は介護報酬（介護の値段）と診療報酬（医療の値段）における初の同時改定年であった。にもかかわらず、「一八〇日間でリハビリテーション（リハビリ）は打ち切り」といった問題が深刻化した。医療保険における「リハビリの値段体系」が疾病ごとに再編され、それらの保険適用の期間に上限が設けられたのだ。それによって患者の一部には、治療上必要なのにリハビリが打ち切られる人も出てきた。上限日数を超えてリハビリを続けたい場合は、介護保険制度による「通所リハビリテーション」「訪問リハビリテーション」などを利用することが促された。

しかし、介護保険制度によるリハビリ供給は大都市であっても充分ではなく、〇六年介護報酬改定以前から需要超過状況にあった。しかも、介護保険における「リハビリ」は、身体機能を「維持」することに重きが置かれているため、医療保険における「急性期」

「回復期」とは、少し質が異なる。結果的には、二〇〇七年四月「疾患別リハビリテーション料の見直し」といったように診療報酬の一部が急遽見直され、患者の状況に応じてその日数を超えても医療保険が適用されることになった(〇八年診療報酬改定でさらに一部見直しが行われた)。

一方、〇六年診療報酬改定では、患者七人に対して看護師一人といった手厚い人員体制にすれば、医療機関はより多く報酬が得られる「七対一入院基本料」が新設された(〇八年診療報酬改定で一部見直し)。それによって医療機関同士による看護師の争奪戦を招く結果となった。報酬改定以前から看護師不足は問題視されていたものの、この結果、財政基盤の強い大病院等がさらに看護師獲得に動き、経営的に厳しい中小病院での看護師不足がいっそう深刻化し、廃業に追い込まれかねない状況となった。当然、介護現場における看護師不足もますます深刻化している。

「後期高齢者医療制度」の創設

二〇〇八年四月から七五歳以上を対象とした、独立型の「後期高齢者医療制度」(通称・長寿医療制度)が創設されている。原則、七五歳以上の高齢者は自動的にそれまで加入している医療保険制度から外れ、新しい「後期高齢者医療制度」に加入することになった。七五歳以上の高齢者が医療機関へ直接支払う窓口自己負担は、原則一割(六五〜七四歳で一定の障害のある方も含む)となっており、一定以上の所得者に関しては三割負担である。参考までに、新制度によって七〇歳以上七五歳未満の人は窓口自己負担が二割に引き上げられた。

「後期高齢者医療制度」の保険料においては、原則、七五歳以上の高齢者全員から保険料を徴収する。しかも、介護保険制度と同様に、年金から保険料を天引きする(年間年金額一八万円未満の場合などは除く)。介護保険料に加え、医療保険料まで年金から天引きされてしまえば、手許に残る額はわずかになる人も多くなる。これによって年金制度の役割が徐々に崩壊してしまう恐れがある。しかも、〇八年四月の制度スタート時には、「後期高齢者医療制度」の保険証が一部の被保険者本人に届かず、七五歳以上の高齢者が混乱してしまった。厚労省は、旧制度の保険証や運転免許証でも代替可能という緊急避難的な通知を出すことになった(『朝日新聞』二〇〇八年四月一一日付)。筆者のケアマネジャー仲間も、担当の高齢者から保険証が届かないと相談され、その対応に追われたとのことであった。

もっとも、安倍晋三内閣の退陣によって成立した福田康夫内閣は、「高齢者医療費の負担増凍結」といった政策転換を講じた（『毎日新聞』二〇〇七年一〇月三一日付）。政府は約一七〇〇億円を国庫で補塡することを決め、補正予算に着手した。これで半年から一年間だけとはいえ、一部、高齢者医療における新たな負担増は先延ばしされている。

療養病床再編・廃止をめぐる問題

既述のように、高齢者が「寝たきり」状態になった場合、「特別養護老人ホーム」（特養）などの介護系施設に入所する人も多いが、かつて「老人病院」とも呼ばれた「療養病床」に長期入院するケースも少なくない。しかし、二〇一一年度末までに、現在の「介護型療養病床」（約一二万床）を全廃し、現行の「医療型療養病床」（二三万床）をかなり削減することが決まっている。「社会的入院は是正されるべき」ということで、医療的処置があまり必要とされないまでも「在宅で介護する家族がいない」「入所できる施設がない」といった理由で入院している患者を、医療機関から退院させることが目的だ。

厚労省は「介護型療養病床」を「介護療養型老人保健施設」等へ転換させるために支援金を措置しているが、そのまま従来の患者を受け入れられるかは未確定である。しかも、現行では老人保健施設(老健)そのものが、長くても一年程度という入所期間であり、その後の処遇に問題を残している。当分の間、「従来の老人保健施設」と「介護療養型老人保健施設」といった二種類の老人保健施設が存在することになる。

一方、これまでみてきたように在宅介護保険サービスは利用制限が顕著となり、家族介護の負担増は避けられない。にもかかわらず単身者や老夫婦世帯が増えている日本社会では、もはや家族介護自体が当てにできなくなっている。簡単に「社会的入院」は問題だといって片付けることはできず、「介護難民」が続出する可能性は否定できない。

看護師から見た「介護と医療」

実際の介護現場でも、介護と医療をめぐる問題が山積している。

二〇〇七年二月二七日、筆者は看護師の秋山正子氏を訪れ「介護と医療」の問題について尋ねた。氏は、「有限会社ケアーズ白十字訪問看護ステーション」の所長を務め、自らも訪問看護師として現場で働いている。

氏の話によれば、「介護と医療」の問題は、「介護と看護」の棲み分けであるという。原則、ヘルパー等の介護士は、吸引等といった医療行為は法律で禁じられており、それらは医師の指示に基づいた看護師にしか認められていない。しかし、介護現場ではヘルパーらの派遣日数の方が看護師に比べて多く、医療行為に近い介護(看護)業務までヘルパーにできればと、利用者からの要望が高まっているという。法律上「介護と看護」の定義づけが曖昧となっているため、従事しているヘルパーらは、何が「介護」で、何が「看護」であるかが不明確なまま仕事をしている。氏は、看護師として、その曖昧な部分を明確化するよう研究会を催し、関係機関へ働きかけているという。

また、看護師不足の現状について尋ねると、子育てが一段落して仕事に復帰した看護師に対しては、そのブランクに対する不安を解消するために、皆で支えながら協力できる職場環境にするように努めているという。

老人保健施設の現場

老人保健施設(老健)は、制度上は介護施設であっても、医師が常駐し看護師も他の介護施設に比べいくらか厚く配置され、医療行為も施される施設である。

二〇〇七年六月九日、筆者は大阪府寝屋川市にある老人保健施設「松柏苑」を訪ね、谷荘吉氏(施設長、医師)に話を伺った。氏は、老人保健施設における最大の問題は、「健康保険」が使えず医療行為が限定されることだという。病院や在宅医療の場合、「健康保険」制度によって医療サービスが提供されるため、介護保険制度よりも高い報酬体系の下にある。だが、老人保健施設の場合は、薬や点滴などといった医療行為はできるだけ施さないほうが経営上赤字を招かない仕組みとなっている。ただし、病院もしくは在宅から入所してくる高齢者には、すでに高額な薬が処方されている者も少なくなく、単純に老健施設に入所したからといって、それらを即変えることはできない。

老健施設の入所希望者は多く、施設経営のみ考慮すれば、できるだけ医療行為が少ない利用者を選別して入所させたほうが経営的にもプラスになるという。しかし、氏は利用者の家庭環境や個人状況を考慮して、たとえ、赤字となっても必要とあれば入所させているそうだ。

また、そもそも老人保健施設は、在宅と病院との中間施設であるため、リハビリなどを施し、いずれ在宅で生活することを目指して支援する施設であったはずであった。しかし、現状は重度の高齢者の入所希望者が多く、在宅へ復帰する者は限られるようだ。

開業医の立場から

続いて二〇〇七年八月二一日、筆者は千葉県前医師会会長の渡辺武医師に話を伺った。渡辺氏は四〇年以上千葉県内で開業医として診療にあたり、日本プライマリ・ケア学会会長をも務めた、在宅医療に精通する医師の一人である。

介護保険の視点で話を伺うと、介護認定のための意見書を書くことが多いが、問診の段階で患者本人が「できる」「痛くない」「歩ける」といったように、少々、無理してでも健康であると言ってしまう高齢者が多いそうだ。身体状況を重ねて尋ね、軽く手足などを動かしてもらうが、どうしてもがんばってしまうという。医師としては「嘘」は書けないので、状態を「重く」書くことができない。しかし、認定結果が「軽く」判定されると、「先生、なぜ身体が悪いのに軽い判定なのでしょうか」と尋ねて来られて、ようやく本当の身体状況を話してくれる患者が少なくないという。また、認定結果が役所から医師に通知されることはなく、本人から聞かざるを得ない。氏は役所は結果だけでも医師に知らせるべきだと言う。

2　政治家たちの声

与党国会議員の主張――菅義偉前総務大臣に聞く

政策が最終的に決定されるのは政治の舞台においてであり、社会保障のテーマは国政においても最大の争点として国会で活発に議論されている。そこで与党議員（政治家）の意見を伺うため、二〇〇七年一〇月三〇日、筆者は永田町の自民党本部を訪れ、菅義偉前総務大臣に介護問題について氏の見解を尋ねた。

菅氏は（総務）大臣在任中に「ふるさと納税」制度を提案するなどして名を馳せた人物だが、福祉政策にも精通している。かつて横浜市議会議員時代には、高齢者福祉政策に力を入れ、市内の福祉施設の整備を推進した経歴を持つ。

単刀直入に社会保障費の財源問題について尋ねると、長期的には消費税の引上げなども考えなければならない、しかし、当面は経済成長率の引上げといった「成長路線」と、「行政改革」による税金の「無駄使い」を是正する施策が重要である、と言う。経済成長率三％は、先進諸外国と比べて必ずしも高い目標ではない。また、行政改革においては、国及び地方の公務員数削減や特殊法人改革を実施すれば、相当の財源は確保できる、とも言う。

七年間の介護保険制度を振り返って現在、氏が思うことは、厚生省(当時)は二〇〇〇年の制度発足時にサービス利用の枠を広げ過ぎてしまったのではないか、介護度が軽度の者を中心に「家事代行型」のサービス提供まで認めてしまい、数年後、給付費が膨らむと急に利用を制限する施策を打ち出してしまった。国民からすれば、そのギャップに戸惑っているのではないかと思う、と言う。ただし、コムスン問題は別としても、サービス供給の担い手が民間主体に広がったことは、一定の評価ができるのではないか、公的機関が中心では、サービスの普遍化は難しかったであろう、とも言う。

介護を提供する側の人材難については、やはり、現在の賃金体系も含めて厳しいことは否めない。しかも、若い介護従事者にとって希望を持てる職業とはなっていない。次回の改定の際に、介護報酬を引き上げるなどの対応をしていかないと、介護現場はますます問題が深刻化していくのではないか、また、外国人介護従事者の受入れの議論もすすめていく必要がある、とのことであった。

最後に氏が強調していたことは、大臣在任中、厚労省の官僚と年金問題などで幾度となく折衝した経験から、厚労省は「特殊な官庁」であると思う、ということだった。本来、国民の目線で何をすべきかを考えなければならないにもかかわらず、厚労省は他の官庁に比べ、机上から物事を考える傾向が強すぎる印象を受ける、おそらく許認可権が多くなり、権限が肥大化したためであろう、とのことであった。

野党国会議員の提案——柚木道義衆議院議員(民主党)に聞く

続いて、二〇〇七年一一月九日、筆者は永田町の衆議院第一議員会館で、民主党の柚木道義議員に介護問題について意見を求めた。氏は、厚生労働委員会に属し、ここ数年、民主党を代表して国会で質問に立ち、一年生議員ながら党の中では社会保障制度に精通した人物である。

氏によれば、二〇〇六年の改正介護保険制度の実施が、利用者並びに介護従事者に大きな影響を与えているという。たとえば、新制度において「介護予防」システムが創設されたことによって、福祉用具やヘルパーサービスの利用が制限されている、といった苦情の声を全国から耳にする。また、「療養病床の再編・廃止」によって、「介護難民」が多発することも懸念しているそうだ。全国の介護従事者からも、低賃金の実態についてはもちろん、書類業務に埋没せざるをえないような職場環境で、精神的にも仕事を続けることが困難になっているとも聞くという。

氏はまた、地元の福祉系大学では一般企業へ就職する学生割合が最も高く、福祉の現場へ人材が流れていない問題をも指摘していた。介護士をはじめ社会福祉士が、将来ビジョンを描けない実態にあることは、介護現場の崩壊を招くことにつながり、最終的には利用者へのサービス水準の低下に波及する。

その打開策は、まず、〇九年介護報酬改定で報酬を大幅にアップすることだ、民主党は目下、「介護人材確保法案」(仮称)の国会への提出を検討しており、報酬引上げのほかにも、あらゆる施策を提案する予定であるという。

介護保険の財政問題について尋ねると、介護保険料の引上げや利用者の自己負担増(現行一割から二割への引上げ)を実行しなくとも、公費の割合(現行は五割)を増やしていけば、抑制策ばかりに傾斜した介護保険施策を打開できるだろうという。そして、その財源として消費税を引き上げることは避け、当面、行政改革といった税金の「無駄使い」を是正することで、解決の糸口は見出せるそうだ。

最後に、氏は、すでに「看護の日」があるように、新たに「介護の日」を設け、介護問題の社会啓発に努めるべきという。〇七年秋の国会での質問でも、舛添要一厚生労働大臣から、それらに関し前向きな答弁を引き出しているので、その実現に取り組みたい、とのことであった。

地方自治体首長の訴え――大木哲氏(神奈川県大和市市長)に聞く

そもそも介護保険制度は、地方分権の試金石であり自治体の役割が重視されていくはずであった。そこで、二〇〇七年八月二三日、筆者は神奈川県大和市市長、大木哲氏に介護保険の問題点などについて話を伺った。

氏には、二〇年以上、母親の在宅介護を兄弟で分担しながら看てきた経験もある。二〇〇七年五月から大和市市長に就任しているが、市長当選前は神奈川県議を務め、長年、介護問題に取り組んできた人物である。

大木氏が介護問題で最も懸念していることは、介護従事者の社会的地位が充分に認められていないことだ。ヘルパー等の仕事に就いても全般的に年収が低く、決して若い世代が夢を抱いて飛び込んでいける状況ではない。介護従事者のほとんどの人たちは、厳しい条件下でも使命感に燃えて働いていることは否めない。しかし、高い離職率に見られるように、現状では彼らの使命感も早晩燃え尽きてしまう。人材不足は社会問題化しており、そうなれば、介護現場は崩壊してしまうのではと心配しているという。

氏によれば、質の高い介護サービスが提供されるには、そこに携わる方たちの待遇が、少なくとも世間並みであることが前提となる。介護には何が大切かと問われれば、「人」と言わざるをえない。真っ先に介護従事者の待遇改善がなされなければ、ますます問題が深刻化するだろうという。

もっとも、最終的には財源問題が焦点となるであろうが、国民自身もアメリカ型の「小さい政府」の政策を選ぶのか、ヨーロッパ型の社会民主主義的な政策を選択するのか、真剣に考えていかなければならない、いわば、政治家は国民の鏡のようなものなので、国民が真剣に介護問題を考えることで、政治の舞台でも、現場に即した議論が展開されるはず、とのことであった。

地方議員の問題意識――佐々木浩氏（埼玉県越谷市市議会議員）に聞く

続いて、二〇〇七年九月一六日、筆者は埼玉県越谷市市議会議員の佐々木浩氏（無所属）に話を伺った。佐々木氏は、二〇〇七年四月の統一地方選挙で四期目の当選を果たしているが、議員に就任する以前は、老人担当ケースワーカーとして福祉現場に従事していた。介護保険制度の導入以前から、現場の問題に関心を抱き日々の活動に取り組んでいる。

佐々木氏によれば、措置制度(旧制度)と介護保険制度とを比べると、特別養護老人ホームなどの入所に際して、社会的弱者への対応が希薄になったという。もちろん、介護保険制度によって、誰でも所得などに関係なく入所できることになったことはメリットである。しかし、逆に供給が期待したほど伸びていないため、真に生活が困窮している高齢者が入所しづらくなったという。その意味では、社会的弱者を念頭においた措置制度のメリットが埋没してしまったと問題視していた。

介護保険制度創設時は「介護の社会化」と言われながら、現在、国の主導によって給付費抑制が実施されている、しかも、指導監査や給付費適性化などといって、介護従事者は事務書類作業に追われている。もう少し、運営基準などを緩やかにして、細かい判断は自治体や議会に委ねるべきだとも主張していた。

3 政策・施策が現場に歩み寄る道筋はあるか

財政優先論からの脱却

二〇〇六年改正介護保険制度の実施にみられるように、介護給付費抑制を目的とした「財政優先」の施策が相次いでいる。

政府は「経済財政運営と構造改革に関する基本方針二〇〇六」に基づいて、二〇一一年度までに国・地方の基礎的財政収支の黒字化(プライマリーバランス)を目標にしているようだ。基礎的財政収支とは、国の財布である一般会計において、「借金(国債等)を除いた税収などの歳入」から「借金(国債等)の元利払い以外の歳出」を差し引いた収支を意味する。この収支が均衡すれば日本の財政が健全化されていくと、財務省は考えている。現在、国の借金である公債残高は、二〇〇七度末で約五四七兆円の見込みとなっており深刻な状態であるという(財務省『日本の財政を考える』二〇〇七年九月)。このように国債等で借金をせず、二〇一一年度に基礎的財政収支の均衡を目指すには、ここ数年で一一・四〜一四・三兆円の歳出削減が必要だそうだ。

しかし、このまま介護現場の崩壊が進めば国民生活は危機に陥り、安定した雇用状況や経済成長は期待できない。それを回避するには、利用者並びに介護従事者やマスコミが、もう少し、介護現場の危機について社会へ訴えていく責務がある。やはり社会保障部門は聖域として、基礎的財政収支黒字化の議論とは別に考えていくべきである。

官僚主導型から政治主導型へ

現在、介護政策の決定過程を分析すれば、①経済財政諮問会議（財務省官僚）、②厚労省官僚、③介護従事者ならびに利用者、といった順で、その意向が反映されるようになっている。しかし、介護施策が現場に歩み寄るには、これらの順番が逆にならなければいけない。

もっとも、昨今、防衛利権にまつわる問題で官僚機構の腐敗がさらに問題視されているが、筆者は官僚の大多数は優秀であり献身的に職務に従事していると考える。

しかし、いくら官僚個人が熱心に仕事をしていても、「課」「局」「省」といった組織段階になると、さまざまな思惑が働き、マイナスの力学が働く。しかも、「課長」「局長」「審議官」となると二年前後で人事異動があり、制度改革を果たし終え、いざ施策実施となると別の者に担当者が変わることが多々ある。現在の官僚組織は、施策担当者の責任が不明確であり曖昧である。

そこで、筆者は、現在の財務省ならびに厚労省官僚ポスト（局長や課長）の一部を、政権政党に明け渡すシステム(政党が学者や専門家らをそれらのポストに任命する)を提唱する。特に、介護や医療では各部署(官僚)による通達行政によって細かいルールが知らず知らずに決まり、現場に大きく影響している。しかも、それら一つ一つがあまりにも細部にわたるため、「政治」の舞台でチェックすることは不可能である。その意味で、政権政党が一部、官僚ポストを掌握すれば、細かい通達行政まで「政治」の意向が反映されるのではないかと考える。それによって、官僚組織にも緊張感が生まれ、施策における担当者の責任も明確になるのではないか。いわゆる部分的な「スポイルズシステム」(政権政党が、自党の推薦する学者や専門家を公職に任用するシステム)の導入といえるかもしれない(部分的な「政治任用制」の導入ともいえる)。

ただし、注意しなければならないのは、政治主導型になると業界団体などの利益追求型の行政運営になりやすいことで、マスコミをはじめ国民がしっかりと監視していかなければならない。

介護保険制度は部分的に「福祉制度」でもある

介護保険制度は、「社会保険」制度であることは言うまでもない。そのため、「負担」(保険料)と「給付」(サービス)といった構図となり、原理原則からすれば「福祉」制度ではない。しかし、国民の大部分は、純粋に「保険」制度と認識しているだろうか。そもそも介護保険財政の半分は公費で賄われているのである。

低所得者および生活保護受給者であろうと、裕福な階層の者であろうとも、保険料や自己負担額には差があるものの、介護ニーズが生じれば介護保険制度を活用することに変わりはない。つまり、福祉的機能(介護における弱者対策)と純粋な社会保険制度の役割(一般国民にリスクが生じた際に活用するシステム)が、同じ制度の中に集約されているのである。

その意味で、制度上は「社会保険」制度であっても、介護保険制度に課されている機能には、福祉的要素も含まれている。これらを政策担当者は、再認識すべきである。

「競争」「保険」「契約」といった幻想

介護保険制度は「保険」原理に基づいて、「競争」原理を活用しながら、利用者とサービス提供者との間で「契約」を結ぶ。それによって、「利用者の選択権の拡大」「サービスの向上」「多様な供給主体の参入」といったことが期待された。しかし、これまでみてきたように、これらの「原理原則」は、必ずしも介護現場では上手く機能していない。むしろ、そのデメリットが表面化し、介護現場の崩壊を招こうとしている。

「競争」「保険」「契約」といった幻想に偏ることなく、それらを補完するシステムを早急に講じるべきである。その意味では、公的機関の役割が重要となり、それらの狭間を埋める対策が急がれている。

たとえば、公的機関がサービス部門の一部（虐待や家族崩壊などといった処遇困難ケース）を担うことで、民間供給主体の活性化も期待できる。公務員削減といった行政改革が規定路線化しつつあるが、医療や福祉においては、民間供給主体をフォローする意味での一定程度の公共部門の役割がなければ、民間資本の本来のメリットは発揮できない。そのためには、公費（税金）を投入するなどを含めて「福祉系職種人件費」に特化した予算編成も必要であろう。

分かりやすい制度と仕組みに

現在の介護保険制度は、既述のようにかなり複雑化している。利用者がサービスを活用するには、何枚もの書面に目を通し、ケアプランやサービス計画書に同意が求められる。

しかも、高齢者が契約内容を理解し介護保険制度の中身を把握するだけでも、相当な時間を費やす。介護報酬改定ごとに中身は複雑化され、ますます理解しにくいものになっているため、もう少し、制度自体を簡素化するべきである。制度が複雑化すればするほど、利用者とサービス提供者との溝が広がるであろう。

また、本来、介護保険制度発足の理念は地方分権の試金石として、その権限を国から地方(自治体)に移譲させていくものであった。しかし、現実は国の権限が通達行政によってますます強まっている。特に、介護報酬の運営基準の解釈については、国(厚労省)の意向が反映されがちである。

これは、国(厚労省)と地方(自治体)の両者に責任があると考える。国(厚労省)は介護給付費抑制を目指すあまり、サービス利用を厳格化しようとする。一方、地方(自治体)は、介護サービスは民間供給(市場原理)へ移行したため、単に保険財政運営とサービス事業者の指導・監査業務に専念しがちになってしまった。

今後、国(厚労省)と地方(自治体)の役割・機能を精査し、制度発足時の理念と照らし合わせながら介護保険制度を再構築していくべきである。

障害者福祉は税金で

先にもみたように、二〇〇九年度から障害者自立支援制度における介護サービス部門の一部を、介護保険制度に統合する動きが見られた。しかし、既述のように障害者福祉は、そもそも「福祉」制度であり、制度上、一部であっても社会保険化されている「介護保険制度」に統合するべきではない。しかも、障害者自立支援制度においては、多くの問題が顕在化してきており制度自体が混迷している。まずは障害者自立支援制度の問題点を是正し、安定した障害者福祉制度の再構築を図るべきである。

二〇〇七年一二月四日、自民、公明がまとめた「障害者自立支援法の抜本的見直しに関する最終案」の議論において、介護保険との統合を前提としないことが確認された(『毎日新聞』二〇〇七年一二月五日付)。筆者は、これら与党案を一定程度評価したい。

将来、要支援者は保険制度から外されるのか?

既述のように〇六年改正介護保険制度の実施に伴い、要支援者は、事実上、介護予防システム等の導入でサービス利用が制限されることになった。今後予想されるのが、この方たちが保険制度の枠内から外され、各自治体の一般財源、もしくは地域支援事業のもとにサービスが展開されることである。

しかし、要支援者を保険制度から外せば、「介護の社会化」を目指す理念に逆行することになり、さらなるサービス利用制限が加速されるであろう。たしかに、「家政婦代わり」に介護保険サービスを利用している人もいるかもしれない。しかし、大部分は「日常生活の見守り」「買い物の同行」「洗濯」「通院介助」といったように、ヘルパーサービスだけを見ても、要支援者の生活全般を支えているのである。むしろ、これらサービスを利用していることで、重度化を阻止しているとも考えられる。

なぜなら、筆者の経験からも高齢者は独りで無理をすると転倒し足腰を悪くしてしまうのではと、ついつい日常の活動に消極的になりがちである。しかし、誰かが傍にいて手伝ってくれると安心して、積極的に生活全般に取り組むと感じているからである。

介護従事者に将来ビジョンを

介護従事者の待遇改善には、まず、介護報酬の大幅アップもしくは介護事業所へ何らかの補助金制度を設け、介護業界に厚い財配分をしていくことが急がれる。特に、介護人材不足を是正する意味で、配分した「財」が、直接、介護従事者へ配分されるよう「人頭払い」、つまり、一つの介護事業所に働いている職員人数ごとに補助金を事業所へ支払うような仕組みで、賃金加算していくことも必要があるのではないだろうか。ただし、単に介護報酬を引き上げ、補助金を投入するだけでは、事業所の収入として上乗せされ、直接、介護従事者へ配分されない懸念も考えていかなければならない。

介護系・福祉系大学等(短大や専門学校)の定員割れも目立ち、たとえこれらを卒業しても福祉への道を歩まず、他の業界へ就職する学生が増えつつある。介護現場の崩壊を食い止めるには、介護従事者の大幅な待遇改善は緊急的課題といえる。

また、介護従事者に課せられる書類作成等をシンプルにして、事務業務の簡素化を考えていかなければならない。たしかに、援助過程やケアといった専門性を高めていくことはいうまでもないが、書類が複雑化してしまう傾向にある。事務量が増してしまえば、結果的には本来のケア業務が疎かになり本末転倒に陥ってしまう。その意味で、専門性は担保しつつ、事務業務の簡素化を考慮すべきである。

二〇〇七年一一月二八日、「社会福祉士及び介護福祉士法等の一部を改正する法律」が参議院本会議において可決・成立し、専門性を高めるという視点で資格制度のハードルがより高くなった。しかし、今以上に資格制度のハードルを高めていけば、人材難はますます加速していく。専門性の向上は重視しながらも、もう少し慎重に対処していくべきであろう。

要介護区分の簡素化

介護保険制度を利用するには、既述のように介護認定審査会において介護度が認定されなければならず、現在、それらは八段階となっている。そもそも介護度区分を設け区分ごとに利用限度額を設定した背景には、サービス利用の乱用を防止し、適正な利用形態を実現することが目的としてあった。しかし、前述のように軽度者及び重度者の平均利用率は上限額の五割前後である。

ゆえに、介護度区分を細分化する必要はなく、「非該当」「軽度」「中度」「重度」といった四段階に簡素化し、それぞれに上限額を設けるだけでいいのではないだろうか。これによって事務経費も多少削減でき、認定結果による利用者及び介護従事者の混乱も部分的に解消できると考える。

介護と医療は表裏一体

繰り返しになるが、介護と医療は表裏一体であり、それぞれ別々の審議会で議論され政策・施策が形成されているが、介護系及び医療系の審議会は早急に、密接に連携し定期的に同じテーブルで話し合うようにすべきである。

また、各審議会の委員も、各業界団体の代表者や厚労省が中心となって選定されているのが実情だ（結城康博『医療の値段――診療報酬と政治』）。しかし、国民の代表者の声を反映する意味でも、与野党の政党推薦によるメンバーを数人加えるべきであろう。官僚や業界団体が関与しない政党推薦による委員を加えることで、審議会での議論において政治の責任が明確化されていくと考える。

一方、まがりなりにも社会保険制度を用いている介護保険制度に、「介護予防サービス」を全面的に導入することは改めるべきである。特に、いくら要支援といっても「ターミナルケア患者」や「九〇歳以上高齢者」に対して、「介護予防サービス」を展開していくには無理があり、今後の制度変更を期待したい。

4　介護保険制度における財源問題

介護保険料と自己負担割合

二〇〇七年一一月一九日、財政制度等審議会「平成二〇年度予算の編成等に関する建議」が公表された。その各論部分の介護項目で「次期事業計画(二〇〇九年度～二〇一一年度)に向けて、サービス提供コストの縮減・合理化、利用者負担や公的保険給付の範囲の見直し等の改革を進めていくべきである」と明記されている。ここで注目すべきは、「利用者負担」(現行一割負担)の見直しを財務省が検討しているということだ。一方、介護保険料において、第二章でも触れたが地域間格差が拡大している。しかも、第三期(二〇〇六～〇九年)の第一号被保険者一人当たりの平均保険料基準額は、四〇九〇円と上がってきている(低所得者は、基準額から軽減される)。

二〇〇七年三月二〇日、筆者はある自治体の介護保険課で保険料徴収を担当している鳥沢浩二氏(仮名)に話を伺った。氏によれば、二〇〇四年から二〇〇五年にかけての税制改正(公的年金等控除の縮小、高齢者非課税限度額の廃止)によって、高齢者の収入が変わらなくても保険料は引き上げられたケースが少なくないという。しかも、現在の保険料は、個人の所得によって違うものの、子どもに扶養されると世帯単位に算定されるため、独り暮らしの高齢者と比べると、保険料が高くなる傾向にある。家族が在宅で面倒をみるほうが保険料を多く支払うことになってしまう。また、保険料の年金天引き制度は、「徴収」という意味では効率的であるが、二〇〇八年四月から実施される「後期高齢者医療制度」の保険料をも考えると、高齢者の生活は一層、苦しくなるのでは、とのことであった（ただし、今まで負担のなかった被扶養者に限っては大幅な激変緩和措置が設けられた）。

介護保険制度の根幹には財源問題もあるが、年金給付額によほどの上乗せがあれば別としても、保険料や自己負担割合をさらに引き上げることは困難であると筆者は考える。

消費税引上げによる税収増はあるか

福田康夫首相は、二〇〇八年度税制改正の焦点であった消費税について、同年度からの引上げを否定した（『朝日新聞』二〇〇七年一一月一六日付）。しかし、二〇〇七年一一月二一日、自民党財政改革研究会（会長・与謝野馨氏）は中間報告書をまとめ、消費税を社会保障財源として位置づけ、二〇一〇年代半ばまでに一〇％程度に引き上げる必要があると明記した（「自民党財政改革研究会中間とりまとめ」二〇〇七年一一月二一日）。また、二〇〇七年一一月二〇日、政府税制調査会でも、「抜本的な税制改革に向けた基本的考え方」という答申をまとめ、三年ぶりに「消費税」という項目が明記され、主に社会保障の財源基盤とすることが述べられている。

そして、混迷した議論の末、二〇〇七年一二月一三日に決定された与党による「二〇〇八年度税制改正大綱」では、消費税を社会保障費の主要財源に位置づけ、使途を限定した「目的税化」する考え方でまとまった（『朝日新聞』二〇〇七年一二月一四日付）。しかし、既述の報告書や答申に比べると、与党による税制改正大綱は、導入時期や上げ幅などは明確にされておらず、曖昧な印象を受ける。やはり、総選挙を意識して増税路線を明記することはできなかったのかもしれない。

いずれにしても消費税の引上げによって「社会保障費の財源化」を行うという議論は、すでに既定路線になっている。筆者もそれらを否定するつもりはない。消費税による税収入は、二〇〇七年度約一三・三兆円。一％引き上げれば、約二・五兆円の増収が見込まれる。

しかし、これら「消費税の社会保障費の財源化」は、「年金制度の維持」を中心に論じられている。ご承知のように年金財源において、二〇〇九年度までに税制の抜本的見直しを経て、基礎年金の国庫負担割合を三分の一から二分の一に引き上げることが法律で決まっている。それに要する財源が、二〇〇九年度約二・五兆円となる見込みのようだ（「基礎年金の国庫負担の引上げ等について」『第六回社会保障審議会年金部会資料』二〇〇七年一一月二一日）。今後の高齢化を考えれば、毎年、二・五兆円以上の財源が必要となり、それらを「消費税」から、という議論なのだと、誰もが予測するであろう。

ただ、今後の社会保障政策の主な課題は、「年金」に限られているわけではなく「医療」「介護」となることは言うまでもない。厚労省の試算では二〇二五年の社会保障給付費は、総額一四〇兆円以上になると見込まれている［図終－1］。しかも、これら試算は、「〇四年年金制度改革」「〇六年改正介護保険制度の実施」「〇六年医療制度改革」といった厳しい給付費抑制を反映した上で

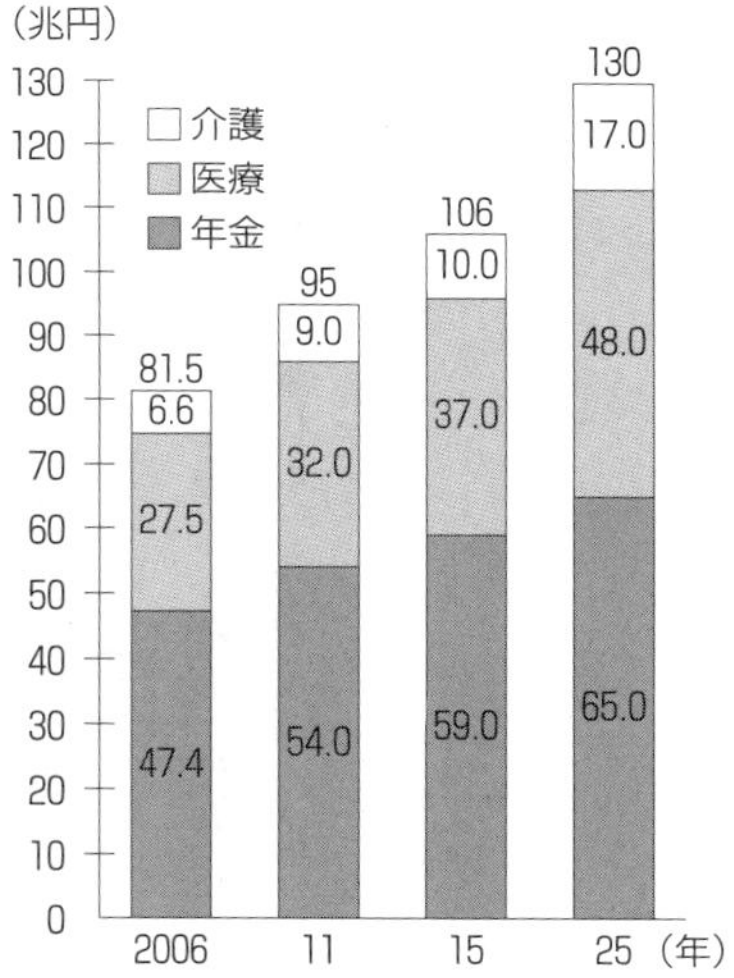

出所：厚労省：『社会保障の給付と負担の見通し』2006年5月より作成

図終-1　介護・医療・年金給付費の将来推移の見通し

の試算であり、それらを緩和するならば、さらなる給付費の上乗せが見込まれる。

その意味で、「年金」「医療」「介護」の財源を安易に消費税引上げによる税収増で賄うといっても限度がある。しかも、消費税が一〇%以上ともなれば、すべての消費財に税金をかけることは難しく、欧米諸国に見られるように「食料品等」は除外するなどの低所得者対策も必要となろう。そうなれば、若干、その税収も少なくなり、長期的に考えれば〝虎の子〟の消費税引上げによる税収増といっても、決して社会保障費全般を賄えるものではない。

「年金財源」は消費税以外の歳出削減と税制改革で

二〇〇九年度の基礎年金給付額（公的年金一階建て部分）は、約一九・四兆円の見込み額となっており、その財源に占める国庫負担を二分の一に引き上げた場合、約九・九兆円の公費を投入することになる。現行の国庫負担三分の一では約七・四兆円の公費負担分となるため、少なくとも約二・五兆円の財源を捻出しなければならない。しかも、二〇二五年には基礎年金給付額が約二七・二兆円になると見込まれる［表終−1］。しかし、年金制度に関しては五〇〇〇万件にも及ぶ年金記録問題の解決が不透明であり、国民の大多数が年金制度自体に不信の念を抱いている。

繰り返しになるが、そもそも年金制度は「金銭給付」である。ある意味、財政調整次第では財源を賄うことができるはずである。二〇〇九年度以降、毎年、約二・五兆円以上必要となる年金国庫負担引上げ問題は、まず、歳出削減や税制改革で賄い、当面、年金制度は社会保険制度で維持すべきである。

たとえば、「埋蔵金」と評される「特別会計」改革が注目されている。二〇〇六年度特別会計の歳出予算額は約二二五兆円である(一般会計投入分を除いた額)。特別会計は設置要件別に三一分野から成り立っており、財務省はそのうち一二・三兆円分を見直しの対象としているようだ。二二五兆円のうち約半分は国債償還等に用いられており、そのほかにも地方交付税交付金などに関連しているためだという(財務省「特別会計のはなし」二〇〇六年四月)。しかし、特別会計の半分であっても一〇〇兆円以上にもなり、その五%でも削減できれば、約五兆円の財源が捻出できる。そのほかにも税制改革などで財政調整できれば、さらなる財源が捻出でき、年金財源への

表終-1　基礎年金給付額と国庫負担との関係

(兆円)

	基礎年金給付額	①国庫負担(1/2)	②国庫負担(1／3)	①－②
2009年度	約19.4	約9.9	約7.4	約2.5
2025年度	約27.2	約13.9	約10.4	約3.5

出所：第6回社会保障審議会年金部会「基礎年金の国庫負担の引上げ等について参考資料」2007年11月21日より作成

投入も可能であると考える。当然、マスコミ報道で話題となった「道路特定財源」の議論も含めてである。ただし、これらの歳出削減によって新たな財源が捻出できたとしても、同時に情報が開示されることで、特殊法人における債務超過問題が発覚すること(隠れ借金)も懸念され、単純に楽観視できないことは認識しておくべきであろう。

いずれにしろ、国民に「社会保障目的税化」として消費税の引き上げを求めるならば、その対象は「医療」「介護」といった現物給付に特化すべきである。

医療・介護のための消費税引上げ(目的税化)

第三章でも触れたが〇六年改正介護保険制度の実施に伴い、軽度者の給付費は抑制されたものの、全体的に介護保険給付費は年々上昇している[図終－2]。今後の高齢化率の上昇に合わせて確実な「介護の社会化」を目指すには、介護保険給付費の上昇はいたしかたない。現在の介護保険の財源構成は五割が公費であり[図終－3]、そのうち国の負担(国庫負担)は、在宅関連が約二五％、施設関連が約二〇％である。

今後の財源構成は、公費の負担を三年おきに見直し、徐々にその割合を増やすべきと考える。二〇〇八年度介護保険財政における国庫負担は約二五％(約二兆円)であるが、将来

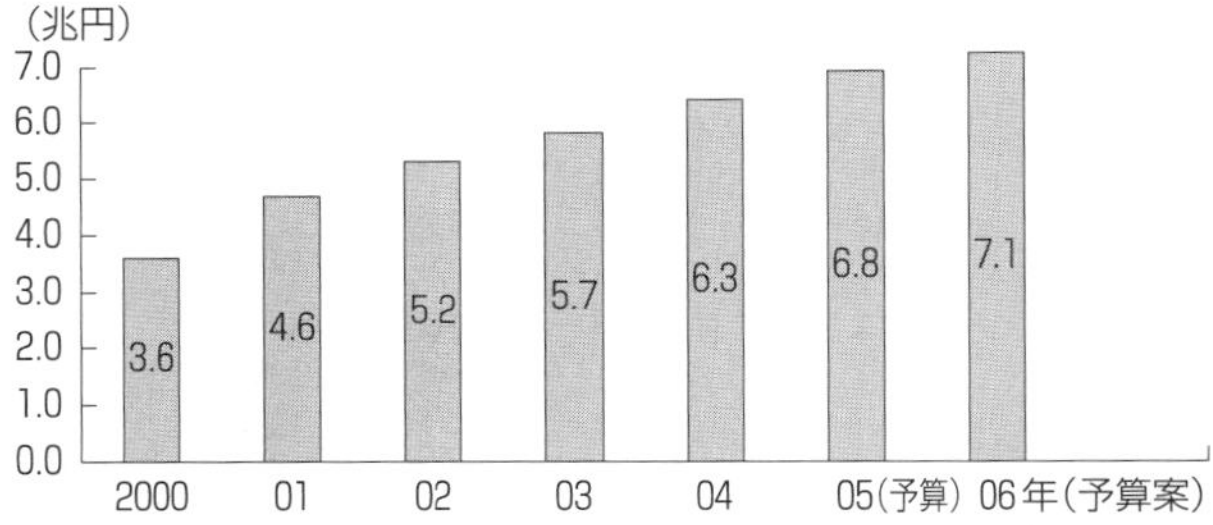

出典:厚労省(パンフレット)『介護保険制度改革の概要』2006年3月

図終-2 介護保険財政状況

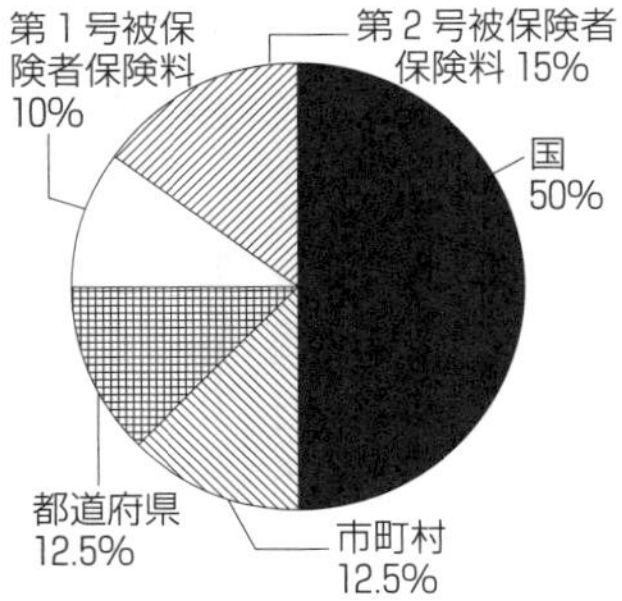

図終-4 国庫負担を引上げた場合の介護保険財源構成

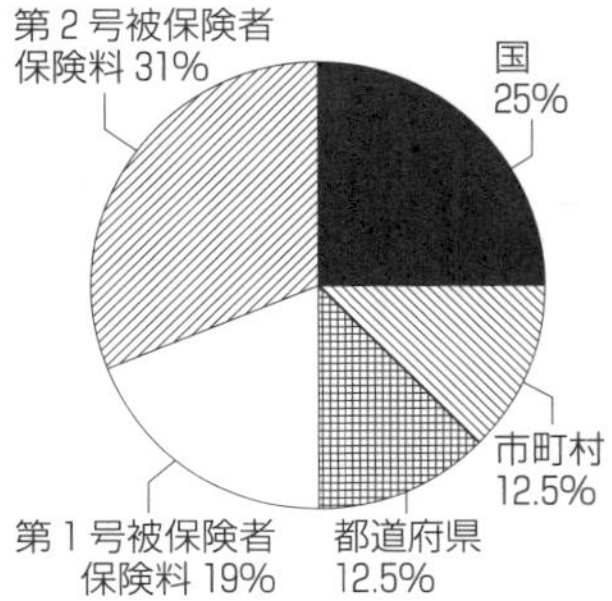

図終-3 現行の介護保険財源構成

的に国庫負担の割合を三〇〜五〇%と増やし、その分を消費税引上げの税収で補っていく[図終―4]。そうすれば、第一号被保険者(六五歳以上)及び第二号被保険者(四〇歳以上六五歳未満)の保険料負担割合が、それぞれ削減され、給付費の上昇を容認しても保険料はさほど高くはならないですむだろう。しかも、それによって介護保険料における事業主負担割合も同様となる。なお、繰り返しになるが、消費税引上げによる「介護・医療」の目的税化導入に際しては、消費税率が合計一〇％以上になった段階で、食品などは対象から除外する等の対策が必要であろう。ただし、公費の割合が高くなれば、社会保険の色彩が薄まることは事実である。

表終-2　法人税率(基本税率：留保分)の推移

年度	税率(%)
1987	42.0
1989	40.0
1990	37.5
1998	34.5
1999〜	30.0

出所：財務省「法人税など(法人課税)に関する資料」2007年4月より作成

他方、国際競争力を考慮して「法人税率」をさらに引き下げるべきとの議論もあるが、仮に消費税を引き上げて社会保障費の目的税化を実現するのであれば、当然、法人税を以前の水準まで引き上げるべきとの議論が活発化してくるであろう［表終-2］。しかし、経済成長路線も無視できず、また、先進諸外国の税率と比べても、日本の法人税率が必ずしも低いわけではない。ゆえに現行の水準(法人税率)を維持することもいたしかたないのかもしれない。

介護報酬引上げは概算要求基準次第

三年おきに介護報酬は改定されるが、その引上げは当然と考える人も多い。しかし、それらは、改定年前年の八月の財務省による概算要求基準(シーリング)に大きく影響される(〇九年介護報酬改定であれば、〇八年八月頃のシーリング)。

ここで「社会保障費は聖域」であると見なされ、「基礎的財政収支」の議論とは乖離した予算編成になれば、介護報酬の大幅な引上げも期待できる。もしくは、税制改正の議論で、先に述べた消費税引上げによる税収が介護分野に振り分けられることになれば、かなりの報酬引上げも期待できるであろう。

しかし、政局が変わるか、財務省の大転換路線が示されない以上、大幅な介護報酬引上げは難しいのではないだろうか。

5　介護現場の明日――住民一人ひとりの責任

介護保険制度を大きく変えるとしたら、二〇一二年度に向けての制度再改革の議論が始まる二〇一一年からが鍵となるであろう。介護保険制度が発足して一〇年が過ぎ、総括という意味でも「現場に歩み寄る介護保険制度」に軌道修正していく大きな節目となる可能性は充分に期待できる。

仮に、この機会に抜本的な制度見直しが実現せず、従来のように「給付費抑制」「財政優先」といった考え方を踏まえた制度再改正に終われば、介護現場の崩壊は決定的となるかもしれない。その意味で、これからの数年間は、現場から徐々に乖離している介護施策を方向転換させる重要な時期といえる。

介護サービスを必要としない人々は、どうしても保険料引上げや税負担増には消極的となる。しかし、いざ、サービスを必要とする境遇になれば、その拡充を主張するであろう。介護や医療現場が崩壊寸前とマスコミで報道されているが、それを最終的に解決するのは「政治家」「役人」「介護従事者」といった専門家ではなく、住民自身である。

一人ひとりがどのような福祉システムを築いていくべきかを熟慮し、たとえ日頃は介護サービスを必要としなくとも、社会保障全体について関心を抱くべきである。最終的には国や自治体の政策・施策を決めていくのは、住民自身であり、また責務でもある。しかし、各選挙における投票率は決して高くはなく、どこかに「これは専門家や特定者の分野」と、お任せ意識でいる住民が多いのかもしれない。介護現場の崩壊を食い止めるには、一人ひとりの介護に対する意識が問われているのである。

あとがき

二〇〇七年、筆者は地域包括支援センターの常勤職を辞めて、研究者の道へ転進した。その意味で、常勤職としての介護・福祉現場を去るにあたって自分なりの区切りをつけるためにも本書の作業に取り組んだ。現在、教鞭を執る傍ら、非常勤ケアマネジャーとして三ケースを担当することで現場に携わっているが、そこから見ている限りでも今後の介護現場の行く末が非常に心配である。少しでも制度が利用者本位に変革されていくことを望んでおり、それらの問題を社会に訴えていく責務を筆者は感じている。

本書は前著である『医療の値段――診療報酬と政治』とは少し異なり、現場に軸足を置きながら政策論へと結びつけて執筆した。そのため、約一年かけて多くの介護関係者にインタビューをお願いし、できる限り現場の問題を取り上げながら作業にとりかかった。多くの方が快くご協力くださったことに対し、心から感謝の意を申し上げたい。この方々のご協力なしには、本書は完成できなかったであろう。

また、前著に引き続き医学博士である籏野脩一先生(元淑徳大学教授、現在療養病床に勤務)にたいへんお世話になった。医師の立場から細かいご指導をいただき、心から感謝申し上げたい。そして、できる限り専門家以外の読者層を意識して執筆したため、一般読者の立場からアドバイスをいただいた、川端邦彦、松島恒春の両氏にも感謝の意を申し上げたい。

今後の制度改革や介護報酬改定の議論において、本書が何らかの手がかりになれば幸いであり、厳しい介護現場の現状を多くの人たちが認識し、介護保険制度が現場に歩み寄る方向へ進み出すことを期待したい。

最後に、本書のイラストを担当していただいた、須山奈津希氏にお礼を申し上げたい。また、岩波書店の上田麻里氏にも感謝の意を述べたい。前著に引き続き氏のアドバイスや度重なるご配慮がなければ、本書は出版にまでいたらなかったであろう、今後のさらなるご活躍を期待したい。

二〇〇八年五月

結城康博

主要参考文献

厚生労働省（パンフレット）『介護保険制度改革の概要――介護保険法改正と介護報酬改定』二〇〇六年三月
厚生労働省『介護サービス施設・事業所調査結果の概況』各年版
厚生労働省老健局計画課通知「指定介護老人福祉施設の入所に関する指針について」二〇〇三年八月七日
東京都『高齢者の消費者被害防止のための地域におけるしくみづくりガイドライン』二〇〇七年
東京都国民健康保険団体連合会『東京都における介護サービスの苦情相談白書　平成一七年版』二〇〇六年
『介護報酬早見表――介護報酬単位から関連通知まで　二〇〇六年四月版』医学通信社、二〇〇六年
ＮＨＫスペシャル取材班、佐々木とくこ『ひとり誰にも看取られず――激増する孤独死とその防止策』阪急コミュニケーションズ、二〇〇七年
武川正吾『福祉社会――社会政策とその考え方』有斐閣、二〇〇一年
二木立『介護保険制度の総合研究』勁草書房、二〇〇七年
結城康博『医療の値段――診療報酬と政治』岩波新書、二〇〇六年

著者によるインタビュー一覧

第一章　宮崎純一氏(仮名)／村上和夫氏(仮名)／福井精一郎氏(仮名)／向井栄子氏(仮名)／山本健二氏(仮名)／笹川泰宏氏

第二章　小山政男氏／八木秀子氏(仮名)／山本弘子氏(仮名)／川上高司氏(仮名)／伊東寛氏／大竹美喜氏／峯田幸悦氏・安井健氏

第三章　田中恵子氏(仮名)／北川文子氏(仮名)／高田敬子氏(仮名)／土屋稔氏／大渕修一氏／安田登氏／地域包括支援センター職員二名／飯澤とよ氏・海老名まゆみ氏・永沢照美氏／中沢卓実氏

第四章　高畑寛氏(仮名)／「特養ホームくすのきの郷」家族会／柏木洋子氏／沖藤典子氏／鏡諭氏

第五章　林房吉氏／根元和子氏(仮名)／遠藤幹江氏／杉田浩二氏(仮名)／小島茂氏／河原四良氏

第六章　佐藤俊行氏(仮名)／高沢貞夫氏(仮名)／知的障害者を介護する母親たち／田中道子氏(仮名)／森田茂子氏(仮名)／尾上浩二氏

終　章　秋山正子氏／谷荘吉氏／渡辺武氏／菅義偉氏(前総務大臣)／柚木道義氏(衆議院議員)／大木哲氏(神奈川県大和市市長)／佐々木浩氏(越谷市市議会議員)／鳥沢浩二氏(仮名)

結城康博

1969年生まれ
淑徳大学社会福祉学部卒業．法政大学大学院修士課程修了(経済学)，同大学大学院博士課程修了(政治学)．地域包括支援センター勤務(社会福祉士・ケアマネジャー・介護福祉士)後，
現在ー淑徳大学准教授．
専攻ー社会保障論，社会福祉学
著書ー『福祉社会における医療と政治』(本の泉社)
『これからの介護保険を考える』(同上)
『医療の値段』(岩波新書)
『入門特定健診・保健指導』(ぎょうせい)など

介護 現場からの検証　　岩波新書(新赤版)1132

2008年5月20日　第1刷発行
2014年8月4日　第8刷発行

著　者　結城康博《ゆうきやすひろ》

発行者　岡本　厚

発行所　株式会社 岩波書店
〒101-8002 東京都千代田区一ツ橋 2-5-5
案内 03-5210-4000　販売部 03-5210-4111
http://www.iwanami.co.jp/

新書編集部 03-5210-4054
http://www.iwanamishinsho.com/

印刷製本・法令印刷　カバー・半七印刷

ISBN 978-4-00-431132-4　　Printed in Japan

岩波新書新赤版一〇〇〇点に際して

ひとつの時代が終わったと言われて久しい。だが、その先にいかなる時代を展望するのか、私たちはその輪郭すら描きえていない。二〇世紀から持ち越した課題の多くは、未だ解決の緒を見つけることのできないままであり、二一世紀が新たに招きよせた問題も少なくない。グローバル資本主義の浸透、憎悪の連鎖、暴力の応酬——世界は混沌として深い不安の只中にある。

現代社会においては変化が常態となり、速さと新しさに絶対的な価値が与えられた。消費社会の深化と情報技術の革命は、種々の境界を無くし、人々の生活やコミュニケーションの様式を根底から変容させてきた。ライフスタイルは多様化し、一面では個人の生き方をそれぞれが選びとる時代が始まっている。同時に、新たな格差が生まれ、様々な次元での亀裂や分断が深まっている。社会や歴史に対する意識が揺らぎ、普遍的な理念に対する根本的な懐疑や、現実を変えることへの無力感がひそかに根を張りつつある。そして生きることに誰もが困難を覚える時代が到来している。

しかし、日常生活のそれぞれの場で、自由と民主主義を獲得し実践することを通じて、私たち自身がそうした閉塞を乗り超え、希望の時代の幕開けを告げてゆくことは不可能ではあるまい。そのために、いま求められていること——それは、個と個の間で開かれた対話を積み重ねながら、人間らしく生きることの条件について一人ひとりが粘り強く思考することではないか。その営みの糧となるものが、教養に外ならないと私たちは考える。歴史とは何か、よく生きるとはいかなることか、世界そして人間はどこへ向かうべきなのか——こうした根源的な問いとの格闘が、文化と知の厚みを作り出し、個人と社会を支える基盤としての教養となった。まさにそのような教養への道案内こそ、岩波新書が創刊以来、追求してきたことである。

岩波新書は、日中戦争下の一九三八年一一月に赤版として創刊された。創刊の辞は、道義の精神に則らない日本の行動を憂慮し、批判的精神と良心的行動の欠如を戒めつつ、現代人の現代的教養を刊行の目的とする、と謳っている。以後、青版、黄版、新赤版と装いを改めながら、合計二五〇〇点余りを世に問うてきた。そして、いままた新赤版が一〇〇〇点を迎えたのを機に、人間の理性と良心への信頼を再確認し、それに裏打ちされた文化を培っていく決意を込めて、新しい装丁のもとに再出発したいと思う。一冊一冊から吹き出す新風が一人でも多くの読者の許に届くこと、そして希望ある時代への想像力を豊かにかき立てることを切に願う。

（二〇〇六年四月）